Anonymous

Revidirte Statuten der preussischen Renten-Versicherungs-Anstalt zu Berlin

vom 3. Januar 1851, genehmigt durch Allerh. Erlass vom 17. Februar 1851

Anonymous

Revidirte Statuten der preussischen Renten-Versicherungs-Anstalt zu Berlin
vom 3. Januar 1851, genehmigt durch Allerh. Erlass vom 17. Februar 1851

ISBN/EAN: 9783743487475

Hergestellt in Europa, USA, Kanada, Australien, Japan

Cover: Foto ©Suzi / pixelio.de

Manufactured and distributed by brebook publishing software
(www.brebook.com)

Anonymous

Revidirte Statuten der preussischen Renten-Versicherungs-Anstalt zu Berlin

Revidirte Statuten

der

Preußischen Renten-Versicherungs-Anstalt

zu

Berlin

vom 3. Januar 1851,

genehmigt durch Allerh. Erlaß vom 17. Februar 1851

mit

den durch die Nachträge I—V herbeigeführten Abänderungen.

1889.

Gedruckt bei Edmund Stein in Potsdam,
Jager Kommunikation 9.

Das Statut, sowie jeder Prospekt werden portofrei zugesandt gegen Einsendung von 10 Pf. Briefmarken für jedes Stück.

Prospekt 1 betrifft die Einlagen in Jahresgesellschaften (§§ 1—37).

Prospekt 2 betrifft die Tarifversicherungen (§§ 66—86).

Die Versicherungsbedingungen befinden sich auf den Antragsformularen und im Prospekt 2.

Die gegen Ende Juni in jedem Jahre ausgegebenen Rechenschaftsberichte mit Beilageheft werden gegen Einsendung von 20 Pf. Briefmarken frankirt zugesandt; ohne Beilageheft für 10 Pf. — Von Mitte Oktober ab werden Uebersichten der Renten der Jahresgesellschaften für das laufende Jahr in der Hauptkasse (Berlin, Kaiserhofstraße 2) und bei den Agenturen unentgeltlich verabfolgt. Wer sie durch die Post zu erhalten wünscht, muß 5 Pf. Briefmarken einsenden.

Erklärung der am Rande des Textes befindlichen Allegate:

R. bedeutet die revidirten Statuten vom 3. Januar 1851.

I. bedeutet den ersten Nachtrag zu den revidirten Statuten der Preußischen Renten-Versicherungs-Anstalt zu Berlin vom 12. Mai 1870, genehmigt durch Allerh. Erlaß vom 9. December 1870.

II. bedeutet den zweiten Nachtrag zu den revidirten Statuten der Preußischen Renten-Versicherungs-Anstalt zu Berlin vom 25. Juni 1875, genehmigt durch Allerh. Erlaß vom 26. Juli 1875,

III. bedeutet den dritten Nachtrag zu den revidirten Statuten der Preußischen Renten-Versicherungs-Anstalt zu Berlin vom 5. November 1877, genehmigt durch Allerh. Erlaß vom 3. December 1877,

IV. bedeutet den vierten Nachtrag zu den revidirten Statuten der Preußischen Renten-Versicherungs-Anstalt zu Berlin vom 20. April 1883, genehmigt durch Ministerialverfügung vom 17. Mai 1883 und

V. bedeutet den fünften Nachtrag zu den revidirten Statuten der Preußischen Renten-Versicherungs-Anstalt zu Berlin vom 28. Juni 1888, genehmigt durch Ministerialverfügung vom 27. Juli 1888.

Jedes Allegat wird erst durch das folgende neue aufgehoben.

Inhalts-Verzeichniß.

Einleitung.

Titel I.

Innere Einrichtung der Anstalt.

1*

Titel II.

Ressortbestimmungen und Verwaltungsnormen.

Titel III.

Titel IV.

Rechenschaftsablegung und öffentliche Bekanntmachung der Resultate derselben.

Einleitung. R.

Mit Allerhöchster Genehmigung Seiner Majestät des Königs ist in der Residenzstadt Berlin unter dem Namen:

Preußische Renten-Versicherungs-Anstalt

ein Institut begründet, welches die Vorsorge für das höhere Alter, also für denjenigen Theil des menschlichen Lebens bezweckt, in welchem die Erwerbsunfähigkeit schon eingetreten oder nicht mehr entfernt ist, — wo gewöhnlich die Bedürfnisse größer sind und Entbehrungen härter empfunden werden.

Lediglich dem Gemeinwohl gewidmet, steht die Anstalt unter dem Schutz und der Oberaufsicht des Staates. Ohne die mindesten Vortheile für die Begründer derselben, sind ihre Einkünfte nach Abzug der nothwendigen Verwaltungskosten überall nur dazu bestimmt, die in den gegenwärtigen Statuten enthaltenen Verheißungen zu erfüllen, überhaupt zum Wohl der der Anstalt Beitretenden zu dienen.

Dem unbemittelten Theil des Publikums gewährt die Anstalt Gelegenheit, sich selbst vermittelst kleiner Summen für die Zeit der durch Alter herbeigeführten Erwerbsunfähigkeit die Mittel zum Lebensunterhalt zu sichern oder zu verbessern und dadurch von fremder, oft drückender Beihülfe sich frei zu halten. Sie ist aber auch dazu geeignet, von den übrigen Klassen des Publikums für mancherlei Verhältnisse des Lebens vortheilhaft benutzt werden zu können; insbesondere den Familienvätern die Sorge für das Wohl ihrer Angehörigen zu erleichtern.

Titel I.

Innere Einrichtung der Anstalt.

§ 1. III.

Beitritt.

Der Beitritt zur Renten-Versicherungs-Anstalt gewährt gegen eine Einlage von 300 Mark in den Jahresgesellschaften 1839 bis 1877 und von 100 Mark in den Jahresgesellschaften 1878 und folgende, ohne weitere Beitragsverbindlichkeit eine jährlich zahlbare Rente, welche anfänglich, nach Verschiedenheit des Alters der Eintretenden, etwas weniger oder mehr als die gewöhnlichen Zinsen beträgt, mit den Jahren aber allmählich steigt und den Betrag von 450 Mark in den Jahresgesellschaften 1839 bis 1877, in den folgenden aber den Betrag von 100 Mk. erreichen kann.

V. In den Jahresgesellschaften 1889 u. folg. ist die Verschiedenheit des Beitrittsalters ohne Einfluß auf die anfängliche Rente.

III. Auch geringere Einlagen sind in einem gewissen Maße zulässig (§ 5), doch werden die verhältnißmäßig darauf treffenden Renten so lange zum Kapital gelegt, bis dasselbe den Betrag von 300 Mark in den Jahresgesellschaften 1839 bis 1877 und von 100 Mark in den Jahresgesellschaften 1878 und folgende erreicht hat.

§ 2.

Aufnahmefähigkeit.

In den Jahresgesellschaften 1878 und folgende steht der Eintritt allen Personen ohne Rücksicht auf Geschlecht, Alter, Stand, Religion, Geburts- und Wohnort im In- und Auslande frei.

V. In die Jahresgesellschaften 1889 u. folg. werden nur Personen im Alter von weniger als 55 Jahren aufgenommen (vergl. § 4).

IV.

§ 3.

Erfordernisse zur Aufnahme in eine Jahresgesellschaft.

Die Anmeldung zum Beitritt zu einer Jahresgesellschaft geschieht bei der Hauptanstalt zu Berlin oder bei einem ihrer Agenten mittelst einer Deklaration, zu welcher das Formular verabreicht wird, bei gleichzeitiger Einzahlung der einzulegenden Summe und eines Eintrittsgeldes.

R. Die Deklaration muß enthalten den Betrag der zu machenden Einlage, den Vor- und Zunamen des Eintretenden (bei Frauen und Wittwen auch den Familiennamen), Stand, Wohnort, sowie Tag, Jahr und Ort der Geburt.

Das Alter ist durch Beibringung des Tauf- oder Geburtsscheins oder, wenn ein solcher nicht zu beschaffen ist, durch ein anderes genügendes Zeugniß, auf Verlangen durch eine schriftliche Erklärung an Eidesstatt zu erweisen, und insofern Ehefrauen und Wittwen, welche Einlagen für sich machen wollen, die Identität mit der Person, auf welche der Tauf- oder Geburtsschein lautet, nicht anderweit nachzuweisen im Stande sind, müssen solche auch den Kopulationsschein beibringen.

§ 4.

Bildung von Jahresgesellschaften.

Der Beitritt kann im Laufe des ganzen Jahres erfolgen. III.

Aus den in demselben Kalenderjahre beigetretenen Personen wird eine besondere, in sich abgeschlossene Jahresgesellschaft gebildet.

Die Mitglieder der Jahresgesellschaft werden fortan in folgende 6 Altersklassen getheilt:

I.	Klasse:	Personen	bis zum 10ten	Lebensjahre einschließlich.
II.	„	„	über dem 10ten bis 20sten	
III.	„	„	„ „ 20sten „ 30sten	
IV.	„	„	„ „ 30sten „ 40sten	
V.	„	„	„ „ 40sten „ 50sten	
VI.	„	„	welche älter als 50 Jahre sind.	

Die Mitglieder der Jahresgesellschaften 1889 u. folg. werden in folgende Altersklassen getheilt: V.

I.	Klasse:	Personen		bis zum 5.	nicht vollendeten Lebensjahre.
II.	„	„	vom vollendeten 5.	„ „ 10.	
III.	„	„	„ „ 10.	„ „ 15.	
IV.	„	„	„ „ 15.	„ „ 20.	
V.	„	„	„ „ 20.	„ „ 25.	
VI.	„	„	„ „ 25.	„ „ 30.	
VII.	„	„	„ „ 30.	„ „ 35.	
VIII.	„	„	„ „ 35.	„ „ 40.	
IX.	„	„	„ „ 40.	„ „ 45.	
X.	„	„	„ „ 45.	„ „ 55.	

Das Lebensjahr, welches der Eintretende am 1. Januar des Beitrittsjahres vollendet hat, bestimmt seine Altersklasse. R.

Jedes Mitglied bleibt mit den zu einer Jahresgesellschaft gemachten Einlagen in derjenigen Altersklasse stehen, in welche es ursprünglich aufgenommen worden ist. Doch kann eine und dieselbe Person auch mehreren folgenden Jahresgesellschaften beitreten, wo sie dann dem jedesmaligen Alter nach der neuen Gesellschaft ganz unabhängig von den Verhältnissen zu den übrigen Gesellschaften einverleibt wird.

§ 5. III.

Einlagen.

Es sind vollständige und unvollständige Einlagen zulässig.

A. Vollständige Einlagen heißen in den Jahresgesellschaften 1878 und folgende diejenigen, welche 100 Mark betragen. Solche Einlagen können für ein und dieselbe Person zu jeder Jahresgesellschaft gemacht werden, jedoch in ein und derselben Jahresgesellschaft nicht mehr als 50 Stück.

B. Unvollständige Einlagen sind diejenigen, auf welche von vornherein weniger als 100 Mark eingezahlt wird. Dergleichen Einlagen sind zu jeder Jahresgesellschaft auch neben vollständigen zulässig; doch werden für Eine Person in derselben Jahresgesellschaft nicht mehr als 10 unvollständige Einlagen zugelassen und jede von ihnen muß von vornherein mindestens betragen:

in	I. Klasse	40	Mark,
„	II. „	50	„
„	III. „	60	„
„	IV. „	70	„
„	V. „	80	„

In VI. Klasse sind unvollständige Einlagen unzulässig.

V. Jede unvollständige Einlage in den Jahresgesellschaften 1889 u. folg. muß von vornherein mindestens betragen:

1.	in Klasse	I.	40	Mark
2.	„ „	II.	45	„
3.	„ „	III.	50	„
4.	„ „	IV.	55	„
5.	„ „	V.	60	„
6.	„ „	VI.	65	„
7.	„ „	VII.	70	„
8.	„ „	VIII.	80	„
9.	„ „	IX.	90	„

In Klasse X sind unvollständige Einlagen nicht zulässig.

III. Ueber die angegebenen geringsten Beträge hinaus können die unvollständigen Einlagen in beliebiger Größe, jedoch immer nur in vollen Mark gemacht werden.

R.

§ 6.

Einlagen für andere Personen.

Es ist auch zulässig, zum Besten anderer Personen Einlagen zu machen. In solchen Fällen müssen die der Aufnahme-Deklaration (§ 3) beizufügenden Zeugnisse sich auf diejenige Person beziehen, für welche die Einlage gemacht werden soll.

§ 7.

Vorbehalte.

Als das eigentliche Mitglied der Anstalt wird diejenige Person betrachtet, auf deren Namen die Einlage gemacht ist.

Bei allen Einlagen für die eigene Person wie zum Besten Dritter darf der Bezug der Renten und der Bezug der Rückgewähr einer anderen Person als dem Mitgliede vorbehalten werden. Ein Vorbehalt der Rente ist nur zu Gunsten einer Person und nicht über die Lebensdauer des Mitgliedes hinaus zulässig.*)

Dergleichen Vorbehalte müssen gleich in der Aufnahmedeklaration bestimmt ausgedrückt sein, indem spätere Erklärungen bloß in dem Falle zulässig sind, wenn dadurch zu Gunsten desjenigen, auf dessen Namen die Einlage erfolgt ist, in dem früheren Vorbehalt etwas geändert wird.

Die deklarirten Vorbehalte sollen in den Büchern der Anstalt, sowie in dem Aufnahmedokumente vermerkt werden und ist die Anstalt verpflichtet, darauf bei Zahlung der Rückgewähr zu achten. IV.

Der Vorbehalt erlischt, wenn der Zeitraum, für welchen er gemacht worden, abgelaufen ist, oder wenn diejenige Person, für welche er stattgefunden hat, stirbt, auswandert oder für verschollen erklärt wird. Der Bezug der Renten und Rückgewähr geht alsdann auf die Person über, für welche die Einlage gemacht worden ist. R.

Einlagen auf den Namen anderer Personen zu machen und sich oder einem Dritten dabei den Bezug der Renten für die ganze Dauer der Mitgliedschaft des Aufzunehmenden vorzubehalten, ist nicht gestattet.

Vorstehende Alineen 2 bis 6 gelten nicht für die Einlagen in den Jahresgesellschaften 1878 und folgende. III.

§ 8.

Eintrittsgeld.

Für jede vollständige oder unvollständige Einlage in den Jahresgesellschaften 1878 und folgende ist bei deren Einzahlung ein Eintrittsgeld von einer Mark zu entrichten.

§ 9. I.

Nachtragszahlungen auf unvollständige Einlagen.

Baare Nachtragszahlungen auf unvollständige Einlagen sind behufs der schnelleren Ergänzung derselben und um kleine Ersparnisse zinsbar zu machen gestattet und können im Lauf des ganzen Jahres (§ 10) bei der Hauptanstalt sowohl, als bei den Agenten geleistet werden. Die II.

---

*) Das erste Statut v. J. 1838 sagte in § 7: „Derjenige, welcher auf solche Weise (§ 6) zum Besten eines Andern Einlagen macht, kann zwar sich selbst oder einem Dritten auf bestimmte oder auf Lebenszeit den Bezug der Renten vorbehalten, doch wird jeder Vorbehalt der Art durch die Lebensdauer des Individuums, auf dessen Namen die Einlage geschehen ist, bedingt. Auch kann der Bezug des in Todes- und Auswanderungsfällen Zurückzugewährenden (§ 32) vorbehalten werden."

geringste Nachtragszahlung auf eine Einlage besteht in drei Mark. Größere Nachtragszahlungen sind jedesmal in vollen Mark zu leisten. Zur letzten Vervollständigung einer Einlage ist die Einzahlung einer keine vollen drei Mark ausmachenden Summe gestattet. Sie vereinigen sich am 1. Januar des auf die geschehene Zahlung folgenden Jahres mit dem Rentenkapital der betreffenden Klasse und nehmen dann in demselben Verhältnisse, wie die vollständigen und unvollständigen Einlagen selbst, an dem Rentengenusse Theil.

Bei jeder Nachtragszahlung muß der ertheilte Interimsschein (§ 13) vorgelegt und die Zahlung darauf vermerkt werden. Außerdem muß darüber eine unter dem Siegel der Direction ausgefertigte Quittung ertheilt werden. Der Einzahler hat die Quittung binnen 3 Monaten seit der Zahlung an der Zahlungsstelle in Empfang zu nehmen und, wenn sie ausbleibt, binnen anderweiten 4 Wochen der Direction von der geleisteten Nachtragszahlung Anzeige zu machen.

Wird die Anzeige verabsäumt, so hat im Falle eines Verlustes die Anstalt für die Zahlung nicht einzustehen, und der Einzahler den etwaigen Schaden zu tragen.

Für die Jahresgesellschaften, welche nach dem 1. Januar 1871 zusammentreten, ist die Leistung von Nachtragszahlungen nur innerhalb der ersten 25 Jahre vom Beitrittsjahre an gerechnet zuläßig.

§ 10.

Aufgeld für Einlagen und Nachtragszahlungen.

Für alle vom 3. September einschließlich ab gemachten Einlagen und Nachtragszahlungen wird ein Aufgeld entrichtet, welches zum Reservefonds fließt. Dasselbe beträgt für Zahlungen in der Zeit vom 3. September ab bis einschließlich 2. November 1 Pfennig und in der Zeit vom 3. November ab bis 31. Dezember einschließlich 3 Pfennige auf die Mark.

§ 11.

Einlageerforderniß für die Klassen.

In den Jahresgesellschaften 1889 u. folg. wird jede Altersklasse gebildet, sobald zu derselben für 10 Personen Einlagen gemacht sind.

So lange bis diese Zahl erreicht ist, werden von der Direction nur vorläufige Bescheinigungen ertheilt.

Wenn eine Klasse nicht gebildet wird, so werden die betreffenden Einlagen mit Eintrittsgeld und Aufgeld zu Anfang des folgenden Jahres gegen Rückgabe der vorläufigen Bescheinigungen zurückgezahlt.

§ 12.
Unwiderruflichkeit der Einlagen.

Alle bei der Anstalt gemachten Einlagen und Nachtragszahlungen sind unwiderruflich und werden nur bei Todes- und Auswanderungsfällen in der im § 32 bestimmten Art zurückgewährt.

§ 13.
Dokumente über gemachte Einlagen.

Ueber die Aufnahme in die Anstalt erfolgt, sobald die Bildung einer Klasse nach § 11 feststeht, eine von der Direction ausgestellte Urkunde, und zwar über vollständige Einlagen von je 300 Mark in den Jahresgesellschaften 1839 bis 1877 und von je 100 Mark in den Jahresgesellschaften 1878 und folgenden eine Rentenverschreibung und über jede unvollständige Einlage ein Interimsschein.

Bei der Einzahlung wird von der Zahlstelle (Hauptkasse resp. Agentur) eine vorläufige Quittung ertheilt, gegen deren Rückgabe bei der betreffenden Zahlstelle spätestens binnen 2 Monaten die von der Direction ausgestellte vorläufige Bescheinigung oder — wenn die Bildung der betreffenden Klasse schon feststeht — die Rentenverschreibung oder der Interimsschein behändigt werden soll.

Geschieht dies nicht binnen 2 Monaten nach der Einzahlung, so liegt dem Betheiligten ob, der Direction spätestens innerhalb weiterer 4 Wochen Anzeige zu machen, widrigenfalls die Anstalt für die aus dieser Versäumniß entstehenden Nachtheile nicht haftet.

Den Betrag des gesetzlichen Stempels zu den Rentenverschreibungen zahlt der Interessent.

Sind für dieselbe Person in derselben Jahresgesellschaft zu gleicher Zeit mehrere vollständige Einlagen gemacht, so wird darüber nur eine Rentenverschreibung ausgefertigt, welche jedoch die sämmtlichen Nummern enthalten muß, unter denen die Einlagen in den Büchern der Anstalt aufgeführt sind.

Dasselbe gilt für gleichzeitig ergänzte Einlagen.

§ 14. R.
Namensveränderungen.

Bei eintretenden Namensveränderungen, z. B. bei Verheirathungen von Mitgliedern weiblichen Geschlechts, muß zu eigener Sicherheit der Interessenten entweder bei der Hauptanstalt oder bei dem betreffenden Agenten Anzeige davon gemacht, auf Verlangen der Nachweis darüber geführt, sowie das Aufnahmedokument vorgelegt werden, damit sowohl auf letzterem als auch in den Büchern der Anstalt der nöthige Vermerk dieser Namensveränderung erfolgen könne.

§ 15.

Behandlung der unvollständigen Einlage bis zu deren Ergänzung.

In den Büchern der Anstalt wird dem Conto jeder unvollständigen Einlage der Einlagebetrag, jede Nachtragszahlung, sowie jede Theilrente mit dem Nominalbetrage gutgeschrieben.

Hat eine unvollständige Einlage durch diese Zugänge den Betrag von 300 Mark in den Jahresgesellschaften 1839 bis 1877 und von 100 Mark in den folgenden Jahresgesellschaften erreicht, so wird der Interimsschein gegen eine Rentenverschreibung umgetauscht, und der Interessent tritt dann in den baaren Bezug der derzeitigen vollen Rente der Klasse, welcher er angehört, indem die unvollständigen Einlagen mit den vollständigen hinsichtlich des Rentensatzes stets gleichen Schritt halten.

Sollte durch die letzte Nachtragszahlung oder Rentengutschreibung die Einlage auf mehr als 300 Mark, beziehentlich 100 Mark gebracht sein, so wird der Ueberschuß den Interessenten bei der nächsten Rentenzahlung gegen besondere Quittung baar mit zurückgegeben.

Der Ueberschuß verfällt der Anstalt mit dem Coupon über die nächste Rentenzahlung, falls dieser nicht innerhalb der § 28 bestimmten Frist abgehoben wird.

Auf denjenigen Rentenverschreibungen, welche auf den Grund von Interimsscheinen ausgefertigt werden, wird seitens der Anstalt behufs der künftigen Rückgewährung (§ 32) vermerkt, wie viel der Inhaber selbst **baar** eingezahlt hat, und wie viel durch Rentengutschreibung zur Vervollständigung der Einlage erfolgt ist.

Die Nummern der Interimsscheine über die in jedem Jahre durch Nachtragszahlungen oder Rentengutschriften vervollständigten Einlagen werden in dem nächsten Rechenschaftsberichte behufs deren Umtausches gegen die Rentenverschreibungen bekannt gemacht.

Die Rechenschaftsberichte liegen jederzeit in der Hauptkasse und bei sämmtlichen Agenten zur Einsicht bereit.

Die Direction ist zu jeder Zeit verpflichtet, den Mitgliedern über den Stand ihrer unvollständigen Einlagen Auskunft zu ertheilen. Die dadurch entstehenden Portoauslagen fallen dem betreffenden Mitgliede zur Last.

§ 16.

Fälligkeit der Renten und ursprünglicher Betrag derselben.

Die aus der Anstalt zu beziehenden Renten fangen mit dem 1. Januar des auf die Sammelperiode folgenden Jahres an zu laufen und werden jedesmal nach dem **Schlusse** des Jahres gewährt.

Die geringste oder sogenannte ursprüngliche Rente, mit welcher jede neugebildete Jahresgesellschaft (1878 und folgende) anfängt, ist für eine vollständige Einlage von 100 Mark festgesetzt III.

in der	I. Klasse	auf	3	Mark	40	Pfennige,
" "	II.	" "	3	"	60	"
" "	III.	" "	3	"	80	"
" "	IV.	" "	4	"	—	"
" "	V.	" "	4	"	20	"
" "	VI.	" "	4	"	60	"

Auf die unvollständigen Einlagen treffen dieselben Renten nach Verhältniß des Betrages der ersteren und der etwa gemachten Nachtragszahlungen. R.

In den folgenden Jahren wird die Ausmessung und Steigerung der Renten für die über Ein Jahr hinaus bestehenden Gesellschaften nach den in § 21 angegebenen Grundsätzen bewirkt.

Für die Jahresgesellschaften 1889 u. folg. gelten die vorstehenden Absätze 2 und 4 nicht. Für diese Gesellschaften wird die Rente gemäß der §§ 17a und 21 Abschn. A berechnet. V.

§ 17. R.

Bildung der ursprünglichen Rentenkapitalien.

Zur Gewährung der (§ 16) festgesetzten ursprünglichen Rente wird (nach dem für jetzt zur Abmessung derselben angenommenen Zinssatze von Vier Prozent) in den Büchern der Anstalt jeder Gesellschaftsklasse ein Rentenkapital zum 25fachen Betrage der ursprünglichen Rente (§ 19 Spalte 6) gutgeschrieben, und solches von der Gesammteinlagesumme jeder geschlossenen Jahresgesellschaft abgetheilt.

Der zwischen diesem Rentenkapital und der Einlagesumme sich herausstellende Ueberschuß bildet hauptsächlich den allgemeinen Reservefonds der Anstalt (§ 38).

Sofern die Zinsen, welche der Anstalt von den gebildeten Rentenkapitalien zufließen, die für das Erste Jahr festgesetzten ursprünglichen Renten nicht decken, tritt der Reservefonds mit dem Fehlenden hinzu.

§ 17a. V.

Einlagen und Rentenkapital in den Jahresgesellschaften 1889 und folgende.

Für die Jahresgesellschaften 1889 u. folg. gelten die §§ 17—20 des Statuts nicht.

In ihnen werden von den Einlagen, den Nachtragszahlungen und Rentengutschriften der unvollständigen Einlagen in allen Klassen 95 Prozent zum Rentenkapital der Klasse, von den weiteren 5 Prozent aber zwei zum Verwaltungskostenfonds und drei zum Reservefonds genommen.

Dem Konto jeder Einlage werden die Einlagen, Nachtragszahlungen und Rentengutschriften im vollen Betrage zugeschrieben.

§ 18.

Vorbehalt in Betreff der ursprünglichen Renten.

Sollte sich in der Folge der Stand des Zinsfußes, welchen die Anstalt bei sicherer Unterbringung der Kapitalien zu erreichen vermag, wesentlich ändern, so bleibt dem Beschlusse des Curatoriums unter Genehmigung des betreffenden Königlichen Ministeriums vorbehalten, die ursprünglichen Rentensätze (§ 16) für die von da ab zu bildenden neuen Jahresgesellschaften nach dem derzeitigen Stande des zu erreichenden Zinsfußes anderweit zu bestimmen (zu erhöhen oder zu ermäßigen). Eine derartige Veränderung muß vor dem Schluß des Jahres durch zwei Berliner Zeitungen (§ 35) und an sämmtliche Agenten, außerdem in dem nächsten Rechenschaftsbericht bekannt gemacht werden.

Die Hauptkasse und die Agenten haben den sich zum Beitritt Meldenden auf Nachfrage davon Kenntniß zu geben.

§ 19.

Uebersichtstabelle für die Jahresgesellschaften 1878 u. folg.

Die nachstehende Zusammenstellung gewährt eine Uebersicht von den Bestimmungen der §§ 4, 5, 16 und 17 für die Jahresgesellschaften 1878 und folgende:

1.	2.	3.	4.		5.		6.
Klasse	Alter der Mitglieder am Anfang des Beitrittsjahres (§ 4)	Vollständige Einlagen à 100 Mark zulässig	Unvollständige sind für dieselbe Person in derselben Jahresgesellschaft zulässig: Stück	Mindest-Betrag Mark	Ursprüngliche Rente auf volle Einlagen von 100 Mark (§ 16): Mk.	Pf.	Dotationskapital (§ 17) einer vollständigen Einlage in den Jahresgesellschaften 1878 u. folg. von 100 Mark
I.	bis einschließlich 10 Jahr . . .	50	10	40	3	40	85
II.	über 10 bis 20 Jahr einschl. .	50	10	50	3	60	90
III.	über 20 bis 30 Jahr einschl. .	50	10	60	3	80	95
IV.	über 30 bis 40 Jahr einschl. .	50	10	70	4	—	100
V.	über 40 bis 50 Jahr einschl. .	50	10	80	4	20	105
VI.	über 50 Jahr .	50	—	—	4	60	115

Was vorstehend in den Spalten 5 und 6 von den vollständigen Einlagen angegeben ist, das gilt verhältnißmäßig auch von den unvollständigen Einlagen, Nachtragszahlungen und Rentengutschreibungen.

In den Jahresgesellschaften 1839 bis 1877 werden von den Nachtragszahlungen und Rentengutschreibungen zum Dotationskapital genommen

in I. Klasse 75 Prozent,
" II. " $83^1/_3$ Prozent,
" III. " $91^2/_3$ Prozent,
" IV. " 100 Prozent und
" V. " $108^1/_3$ Prozent (einschließlich $8^1/_3$ Prozent Zuschuß aus dem Reservefonds).

§ 20. R.

Behandlung der Zugänge zu den Rentenkapitalien.

Die den unvollständigen Einlagen nach der ersten Bildung der Rentenkapitalien zuwachsenden Beträge an Nachtragszahlungen und Rentengutschreibungen werden behufs ihrer Zuführung zum Rentenkapital der betreffenden Klasse ebenso behandelt, als jedesmal die ersten Einlagen selbst bei deren ursprünglichen Dotation behandelt worden sind (§ 17 und § 19 Spalte 6).

Anderweite Zugänge zu den Rentenkapitalien werden denselben mit den Nominalbeträgen zugesetzt.

§ 21. III.

A. Steigen der Jahresrenten.

Nach Ablauf desjenigen Jahres, für welches die ursprüngliche Rente (§ 16) gewährt worden, nimmt das Steigen der Renten seinen Anfang in dem Maße, wie einerseits durch die vorgekommene Beerbung abgegangener Interessenten und durch sonstige Zuflüsse zum Rentenkapital das letztere sich erhöhet, andererseits die Einlagenzahl durch Abgang von Interessenten sich vermindert hat.

Behufs der Ermittelung und Festsetzung der hiernach für das nächstfolgende Jahr zu zahlenden Renten findet folgendes Verfahren für die über ein Jahr hinaus bestehenden Gesellschaften statt.

Zunächst werden vom Rentenkapital jeder Klasse die daraus zu zahlenden Rückgewährbeträge für die im abgelaufenen Jahre erloschenen Einlagen abgeschrieben.

Dem Rentenkapital einer jeden Klasse werden sodann zugeschrieben:

a) die Summe der für das abgelaufene Jahr auf die unvollständigen Einlagen treffenden, nach § 20 behandelten Theilrenten;

b) Die Summe der im abgelaufenen Jahre von den Interessenten mit unvollständigen Einlagen geleisteten, nach § 20 behandelten baaren Nachtragszahlungen;

c) die Summe der im abgelaufenen Jahre aus der Anstalt selbst oder in sonstiger Art für die Klasse etwa stattgehabten Zuflüsse zum Rentenkapital.

Diese Operation, welche alljährlich wiederholt wird, zeigt, was für jede Altersklasse einer jeden Jahresgesellschaft an Rentenkapital zu Ende des Jahres vorhanden ist und wovon die Zinsen als Renten für das nächste Jahr zu berechnen sind.

Der Zinsfuß wird alljährlich gemäß § 59b bestimmt.

Sollte sich bei Ermittelung der Renten für die über ein Jahr hinaus schon bestehenden Gesellschaften ergeben, daß in irgend einer Klasse die Rente für das nächste Jahr die Rente des vorhergegangenen Jahres nicht ganz erreicht, so wird das Fehlende zur Gewährung des vorjährigen Betrages aus dem Reservefonds zugelegt (§ 38B. Nr. 2).

V. Auf die Jahresgesellschaften 1889 u. folg. findet der vorstehende Absatz keine Anwendung und in Abs. 4 tritt an Stelle des § 20 für sie der § 17a.

In diesen Jahresgesellschaften werden nur $3\frac{1}{2}$ Prozent des Rentenkapitals zu Rentenzahlungen und Rentengutschriften verwendet. Von dem höheren Betrage der Zinsen ist

a) alljährlich $\frac{1}{5}$ Prozent des Rentenkapitals dem Verwaltungskostenfonds zu überweisen und

b) der Rest dem Rentenkapital der Klasse zuzuschreiben.

Sollte der Zinsertrag weniger als 3,7 Prozent betragen, so ist für alle Einlagen in den Jahresgesellschaften 1889 u. folg. der vorstehend bestimmte dauernde Zinssatz von $3\frac{1}{2}$ Prozent durch Beschluß des Curatoriums herabzusetzen.

III. Da sich bei den einzelnen unvollständigen Einlagen durch die jährliche Zuschreibung (Kapitalisirung) der darauf treffenden Theilrenten Beträge ergeben, die sich nicht auf volle Mark abrunden, so sollen zur Vereinfachung des Rechnungswesens die Renten immer nur für volle Mark berechnet und aufs Neue gutgeschrieben werden, Zwischensummen aber so lange unberücksichtigt bleiben, bis sie sich zu ganzen Mark abrunden. Auch werden für vollständige und unvollständige Einlagen die Renten nur in Abschnitten, theilbar zu 5 Pfennigen, ausgemessen, gezahlt und resp. gutgeschrieben, Zwischenbeträge in Pfennigen aber nicht gewährt. Die sich in allen Fällen ergebenden Ueberschüsse sollen alljährlich kapitalisirt und dem Rentenkapital jeder betreffenden Klasse als Zugang zugeschrieben werden.

B. Zuschlagsrente.

Zur Ausgleichung der schlechteren Dotation des Rentenkapitals in den Jahresgesellschaften 1839 bis 1877 wird außer der nach vorstehenden Bestimmungen berechneten Rente vom Jahre 1878 ab auf die vollen Einlagen I. bis IV. Altersklasse der Jahresgesellschaften 1839 bis 1877 unter den folgenden Beschränkungen eine Zuschlagsrente aus dem Reservefonds gezahlt, welche vorläufig auf 10 Prozent der sich nach A. ergebenden Rente festgesetzt wird. Die unvollständigen Einlagen nehmen an dieser Zuschlagsrente erst dann Theil, wenn sie vervollständigt und von ihnen Renten zahlbar sind.

Die Zuschlagsrente wird zum ersten Male gezahlt für das Kalenderjahr, in welchem das in der betreffenden Klasse und Jahresgesellschaft statutenmäßig zulässige jüngste Mitglied

a) in der IV. Klasse das 60ste }
b) = = III. = = 55ste } Lebensjahr vollendet.
c) = = II. = = 50ste }
d) = = I. = = 45ste }

Die Zuschlagsrente wird nur insoweit gezahlt, als sie sich in vollen 5 Pfennigen abrundet; die überschießenden Beträge bleiben im Reservefonds.

Sie wird nur so lange gezahlt, als nicht schon die nach A. berechnete Rente 35 Mark von einer Einlage der betreffenden Klasse beträgt, und nur in dem Maße, daß Rente und Zuschlagsrente zusammen nicht mehr als 35 Mark betragen.

Durch übereinstimmende Beschlüsse des Curatoriums und der Direction kann die Zuschlagsrente zeitweilig oder dauernd erhöht oder herabgesetzt, nöthigenfalls auch aufgehoben werden.

§ 22.
Höchster Betrag der Rente für jede Einlage.

Das Steigen der Renten findet in den Jahresgesellschaften 1839 bis 1877 in der Höhe von 450 Mark, in den Jahresgesellschaften 1878 und folgende in der Höhe von 100 Mark seine Grenze, dergestalt, daß auf jede einzelne Einlage — wenn deren auch mehrere von einer Person oder für eine Person gemacht worden sind — dieses Maximum erreicht werden kann.

§ 23. R.
Vererbung der Rentenkapitalien einzelner Klassen einer Jahresgesellschaft.

Ergiebt sich künftig bei der Rentenausmessung (§ 21 A.), daß in irgend einer Klasse einer Jahresgesellschaft die auf jede Einlage treffende Rente mehr als das Maximum von 450 Mark in den Jahres- III.

gesellschaften 1839 bis 1877 oder von 100 Mark in einer späteren
R. Jahresgesellschaft erreicht, so wird der dem überschießenden Betrage entsprechende Theil des Rentenkapitals dieser Klasse ab- und den Rentenkapitalien der anderen Klassen derselben Jahresgesellschaft behufs Erhöhung deren Renten in der Art zugesetzt, daß die älteste Klasse davon 50 Prozent erhält, und 50 Prozent auf die übrigen jüngeren Klassen nach Verhältniß ihrer derzeitigen Rentenkapitalien vertheilt werden.

Erhält eine Klasse, in welcher die Rente für jede Einlage schon
III. bis auf das Maximum von 450 Mark in den Jahresgesellschaften 1839 bis 1877 oder von 100 Mark in einer späteren Jahresgesellschaft ge-
R. stiegen ist, einen anderweiten Kapitalzuwachs, oder gehen Mitglieder derselben ab, oder erlischt die Klasse ganz, so wird der dadurch überflüssig gewordene Kapitalbetrag gleichfalls dem Rentenkapital der Klasse abgeschrieben und in derselben Weise, wie vor bestimmt worden, den übrigen Klassen derselben Jahresgesellschaft zugesetzt.

Ist in der Jahresgesellschaft außer der zuletzt überströmenden Klasse nur noch Eine Klasse vorhanden, so erhält diese den ganzen überschüssigen Kapitalbetrag der ersteren zu ihrem Rentenkapital zugetheilt, jedoch immer nur in den Grenzen des Maximums (§ 22).

III.

§ 24.

Vererbung der Rentenkapitalien ganzer Jahresgesellschaften.

a) Wenn alle bestehenden Klassen einer von den Jahresgesellschaften 1839 bis 1877 das Maximum der Rente von 450 Mark für jede Einlage erreicht haben und dann noch ein Zuwachs zu dem Rentenkapital solcher Gesellschaft eintritt oder Mitglieder abgehen oder eine solche Gesellschaft allmählich ganz erlischt, dann wird das überströmende Rentenkapital derselben auf die zwanzig ältesten der Jahresgesellschaften 1839 bis 1877 nach Verhältniß ihrer Rentenkapitalbeträge vertheilt und der diesen einzelnen Gesellschaften zufallende Antheil dem Rentenkapital der ältesten Klasse zugeführt, wobei jedoch auch hier die Grenzen des Maximums (§ 22) nicht überschritten werden dürfen.

b) Wenn alle bestehenden Klassen der Jahresgesellschaften 1839 bis 1877 in vorstehend bezeichnetem Maße bedacht sein werden, darf über das unter denselben Voraussetzungen überflüssig werdende Rentenkapital anderweit verfügt werden.

c) Hierdurch soll nicht ausgeschlossen sein, daß zu Gunsten der Mitglieder der Jahresgesellschaften 1839 bis 1877 durch Aufzehrung der Rentenkapitalien eine Steigerung der Rente herbeigeführt wird.

d) In beiden Richtungen (b. und c.) erfolgen die näheren Festsetzungen betreffend den Umfang dieser Verwendung und die Normen ihrer Vertheilung im Wege der Statutenrevision.

§ 24 a.

Das Erbrecht aus § 24 steht den Jahresgesellschaften 1878 und folgenden nicht zu.

Wenn in allen Klassen einer von diesen Jahresgesellschaften der höchste Rentensatz von 100 Mark für alle Einlagen erreicht ist, und dann noch ein Zuwachs zum Rentenkapital solcher Gesellschaft eintritt, oder Mitglieder abgehen, oder eine solche Gesellschaft allmählich ganz erlischt: dann wird das überströmende Rentenkapital derselben, falls nicht früher durch Statutenänderung andere Bestimmungen getroffen sind, dem Reservefonds zugeführt. Es kann auf dem letztgedachten Wege insbesondere eine Bestimmung, wie sie in § 24 sub c. angedeutet ist, über das Rentenkapital jeder der Jahresgesellschaften 1878 und folgende zu Gunsten ihrer Mitglieder getroffen werden.

§ 24 b. V.

Kapital-Aufzehrung in den Jahresgesellschaften 1889 u. folg.

Für die Jahresgesellschaften 1889 u. folg. gelten die §§ 23, 24, 24 a nicht.

I. In ihnen tritt jede Altersklasse mit dem Ende des Kalenderjahres, in welchem das in ihr zulässige jüngste Mitglied sein 50. Lebensjahr vollendet hat oder vollendet haben würde, in die Kapital-Aufzehrungsperiode ein.

II. In dieser Periode werden vom Rentenkapital der Klasse, wenn es mehr als 100 Mark für jede Einlage beträgt, 100 Mark für jede Einlage als Rentenkapital fortgeführt und davon die Zinsrente nach dem Zusatz zu § 21 Abschn. A weiter gewährt. Der Ueberschuß des Rentenkapitals und die Antheile der später erlöschenden Einlagen am Rentenkapital der Klasse werden — soweit sie nicht zur Zahlung der Rückgewähr bestimmt sind — zur Dotirung von Leibrenten für die noch lebenden Mitglieder derselben Klasse und Jahresgesellschaft nach Verhältniß ihrer Einlagen in derselben Klasse verwendet.

Sobald durch Verwendung des ganzen Rentenkapitals der Klasse zur Dotirung von Leibrenten allen Einlagen der Klasse die Maximalrente (§ 22) gewährt werden kann, oder wenn nur noch ein Mitglied nur einer Klasse lebt, so ist das Rentenkapital ganz zur Dotirung von Leibrenten zu verwenden. Ergiebt sich dabei ein nicht verwendbarer Rest des Rentenkapitals, so wird derselbe dem Spezial-Sicherheitsfonds des Leibrentenfonds der Jahresgesellschaften überwiesen (IV).

Der Ueberschuß des Zinsertrages des Rentenkapitals in der Aufzehrungsperiode, welcher nach Zahlung der Zinsrente und von $^1/_5$ Prozent zum Verwaltungskostenfonds übrig bleibt, wird in dieser Periode von der Zeit ab, wo das Rentenkapital jeder Einlage 100 Mark beträgt, nicht dem Rentenkapital zugeschrieben, sondern einem für jede Klasse zu bildenden zinslosen Auflösungsfonds, welcher auch die nicht sofort verwendbaren, für Dotirung von Leibrenten bestimmten Beträge bis zu ihrer Verwendung erhält.

III. Die Dotirung von Leibrenten geschieht mit dem Ende des Kalenderjahres in der Art, daß jährliche Leibrenten ohne Rückgewähr mit Zahlung der Rente für das Sterbejahr im einfachen oder mehrfachen Betrage von 5 Pf. nach dem entsprechenden Tarife der Anstalt für jede in der betreffenden Klasse noch bestehende Einlage durch Ueberweisung der tarifmäßigen Prämie begründet werden. Besteht zur Zeit der Dotirung dieser Leibrenten ein solcher Tarif bei der Anstalt nicht, so ist ein solcher durch Beschluß des Curatoriums festzusetzen. Der Betrag der Nettoprämie wird als Deckungskapital einem besonderen Leibrentenfonds der Jahresgesellschaften überwiesen, während von dem in der Bruttoprämie enthaltenen Aufschlage die eine Hälfte dem Verwaltungskostenfonds zufließt und die andere Hälfte dem für diesen Leibrentenfonds gebildeten Spezial-Sicherheitsfonds gutgeschrieben wird.

Behufs Berechnung der Leibrenten wird für jede Klasse für das Ende des Jahres, in welchem die betreffende Jahresgesellschaft gebildet ist, ein Durchschnittsalter angenommen, und zwar

für	die	I.	Klasse	ein	solches	von	2 vollen Jahren,
„	„	II.	„	„	„	„	7 „ „
„	„	III.	„	„	„	„	12 „ „
„	„	IV.	„	„	„	„	17 „ „
„	„	V.	„	„	„	„	22 „ „
„	„	VI.	„	„	„	„	27 „ „
„	„	VII.	„	„	„	„	32 „ „
„	„	VIII.	„	„	„	„	37 „ „
„	„	IX.	„	„	„	„	42 „ „
„	„	X.	„	„	„	„	48 „ „

Die festgestellten Leibrenten werden den Zinsrenten der Klasse zugerechnet. Für diese Leibrenten werden besondere Koupons nicht ausgegeben und Versicherungsurkunden nicht ausgefertigt.

Die alljährliche Feststellung des Deckungskapitals und dessen Verzinsung geschieht nach den im Titel VII des Statuts enthaltenen Grundsätzen.

IV. Dieser Leibrentenfonds und sein Spezial-Sicherheitsfonds sind für die Leibrenten aller Jahresgesellschaften gemeinsam.

Der Spezial-Sicherheitsfonds erhält

a) die Hälfte des in der Brutto-Prämie enthaltenen Aufschlags,
b) die bei jährlicher Feststellung des Deckungskapitals des Leibrentenfonds der Jahresgesellschaften sich ergebenden Ueberschüsse einschließlich des überschüssigen Zinsertrages des Leibrentenfonds der Jahresgesellschaften,
c) die bei vollständigem Erlöschen einer Klasse für dieselbe noch vorhandenen Rentenkapitalien,
d) die verfallenen Leibrenten und damit verbundenen Zinsrenten von der Zeit des Eintretens der Klasse in die Aufzehrungsperiode an,
e) Zinsen zu 3 Prozent von seinem Bestande zu Anfang des Kalenderjahres und
f) die Ueberschüsse, welche sich dadurch ergeben, daß eine Klasse die Maximalrente schon erhält.

Aus dem Spezial-Sicherheitsfonds werden die zur Ergänzung des Deckungskapitals des Leibrentenfonds der Jahresgesellschaften und zu den Verwaltungskosten (§ 59a) erforderlichen Zuschüsse entnommen. Beträgt er nach dieser Entnahme mehr als 6 Prozent des Deckungskapitals, so kann der Ueberschuß zur Dotirung von Leibrenten für die Klassen, welche seit wenigstens 5 Jahren in der Aufzehrungsperiode stehen, nach Beschluß des Kuratoriums verwendet werden.

V. Sollte der Spezial-Sicherheitsfonds nicht zur Ergänzung des Leibrentenfonds der Jahresgesellschaften ausreichen, so können die bewilligten und dotirten Leibrenten durch Beschluß des Curatoriums ermäßigt werden.

§ 25. R.

Alljährliche Bekanntmachung des Rentenbetrages.

Mit jedem Jahresabschlusse wird öffentlich bekannt gemacht, auf wie hoch sich die nach § 21 ad A. ermittelten Renten in jeder Klasse derjenigen Jahresgesellschaften belaufen, welche bereits über Ein Jahr bestehen, wodurch also jeder Interessent schon im Jahre vor Erhebung der Renten erfährt, wie viel er für das nächste Mal von jeder seiner Einlagen zu erwarten hat.

§ 26.

Auszahlung der Renten.

Die Renten auf vollständige Einlagen werden bei der Hauptkasse während des ganzen Jahres, bei allen Agenturen während der Monate Januar und Februar gezahlt.

Wünscht ein Interessent die Renten künftig in einem andern Bezirk, als wo die Einlage geschehen ist, zu erheben, so hat er solches entweder dem Agenten oder der Direction portofrei bis zum 15. Oktober anzuzeigen, damit die betreffende Zahlungsstelle danach mit Anweisung versehen werden kann.

Die Theilrenten auf **unvollständige** Einlagen werden bei der Direction ohne Zuthun der Betheiligten dem Einlagekapital zugeschrieben.

I. § 27.

Rentencoupons.

Zu den Rentenverschreibungen werden behufs Erhebung der Renten
III. Coupons, von 10 zu 10 Jahren, ausgereicht. Die Aushändigung er-
I. folgt an denjenigen, welcher zum Zweck derselben die Rentenverschreibung eingereicht hat; die Direction ist berechtigt, aber nicht verpflichtet, seine Legitimation zur Empfangnahme der Coupons zu prüfen und sich nachweisen zu lassen. Diese Coupons müssen zur Zeit der Fälligkeit der Renten mit dem auf der Rückseite vorgeschriebenen Lebensatteste versehen werden, und darf solches **nicht vor** dem 1. Januar desjenigen Jahres, in welchem der Coupon **zahlbar** ist, ausgestellt sein. Das Attest ist von einer öffentlichen Behörde oder von einem öffentlichen Beamten, der ein Amtssiegel führt, unter Beidrückung des letztern auszustellen.
III. Die Direction kann hiervon dispensiren.
I. Der Präsentant des Coupons erhält darauf die Zahlung, ohne daß dessen Legitimation weiter geprüft wird.

III. § 28.

Verfall der Renten und Zuschlagsrenten.

Nicht erhobene Renten verfallen zu Gunsten der Anstalt in 4 Jahren, vom 31. Dezember des Fälligkeitsjahres an gerechnet. Durch den bloßen Ablauf dieser Frist ist jedes Recht darauf erloschen.

Die fälligen nicht erhobenen Renten werden bis zu ihrer Auszahlung oder ihrem Verfall im Depositum der Anstalt zinsbar belegt. Die davon aufkommenden Zinsen fallen dem Verwaltungskostenfonds zu. Die verfallenen Rentenbeträge werden dem Rentenkapital derjenigen Klasse, welcher das Mitglied angehört hat, zugeschrieben und von der Rückgewähr in Abzug gebracht, soweit das Mitglied den Fälligkeitstermin erlebt hat. Verfallene Zuschlagsrenten verbleiben dem Reservefonds.

§ 29. R.

Cessionen oder Verpfändungen der Renten.

Da der Rentengenuß an die Lebensdauer des Mitgliedes der Anstalt, d. h. desjenigen geknüpft ist, auf dessen Namen die Einlage gemacht worden, so bleibt eine etwaige Cession oder Verpfändung von Renten auch immer auf die Lebensdauer desselben beschränkt. Die Anstalt nimmt aber auf Cessionen oder Verpfändungen gar keine Rücksicht, sondern zahlt die fälligen Renten an denjenigen aus, welcher den mit dem Lebensattest des Mitgliedes versehenen Coupon präsentirt.

§ 30. V.

Arrestschläge auf Renten.

Hinsichtlich der Arrestschläge auf Renten bewendet es bei den gesetzlichen Bestimmungen.

§ 31. R.

Erlöschung der Mitgliedschaft.

Die Mitgliedschaft der Anstalt erlischt durch Absterben, Verschollenerklärung und Ausschließung von der Anstalt.

Auswandernden Mitgliedern ist der Austritt gestattet. Wollen sie III. von diesem Rechte Gebrauch machen, so müssen sie ihr Ausscheiden der Direction schriftlich ankündigen.

Vorbehaltsberechtigten steht weder gegen deren Verbleiben in der R. Anstalt, noch gegen deren Ausscheiden aus derselben ein Widerspruch zu.

Rechte aus Vorbehalten gehen durch die Auswanderung des Vorbehaltsberechtigten unbedingt verloren.*)

Unter Auswanderung wird für die Jahresgesellschaften 1839 bis III. 1877 verstanden, wenn ein Mitglied derselben seinen festen Wohnsitz über die Grenzen des vormaligen Deutschen Bundes und Preußens hinaus verlegt, für die Jahresgesellschaften 1878 und folgende dagegen die Verlegung des Wohnsitzes außerhalb Europas.

Ausgewanderte Mitglieder werden hinsichtlich der Abfindung R. ihrer Ansprüche an die Anstalt gleich wie die Erben eines verstorbenen Mitgliedes nach §§ 32, 33, 34, verschollene nach § 35, ausge-

---

*) Der § 31 Abs. 1 des ersten Statuts v. J. 1838 bestimmt statt der jetzigen vier ersten Absätze:

„Die Mitgliedschaft der Anstalt erlischt durch Absterben, Auswanderung, Verschollen-Erklärung und Ausschließung von der Anstalt."

schlossene nach § 36, und Vorbehaltserledigungen nach § 7 behandelt.

I. § 32.

Rückgewährungen.

Wenn ein Mitglied der Anstalt mit Tode abgeht oder bei einer Auswanderung in der § 31 gedachten Art seine Mitgliedschaft aufgiebt, leistet die Anstalt Rückgewährungen an dessen Erben oder an das ausgewanderte Mitglied selbst in folgender Art:

1. bei unvollständigen, zur Zeit des Abganges noch nicht ergänzten Einlagen
   den Betrag der Einlage und der darauf geschehenen baaren Nachtragszahlungen;
2. bei ursprünglich vollständigen, so wie bei den zur Zeit des Abganges bereits ergänzten Einlagen
   den Betrag der von dem Interessenten auf Einlage und Nachträge geleisteten Baarzahlungen, nach Abzug der mit Einschluß des Abgangsjahres aus der Anstalt empfangenen Renten.

Ist in dem Falle ad 2 nichts mehr oder ein geringerer Betrag als die Rente des Abgangsjahres zurück zu gewähren, so besteht die Rückgewähr allein in der vollen Rente des Abgangsjahres.*)

Rentengutschreibungen gehören nicht zu den Baarzahlungen, sondern diese verbleiben als eine Erbschaft der betreffenden Klasse, in welcher sich der Abgang ereignet hat.

III. Zu den Rückgewährungen, welche an die Erben eines Mitgliedes oder an das auswandernde Mitglied selbst zu leisten sind, wird entnommen:

A. aus dem Fonds der Klassenrente: die Rente des Abgangsjahres;
B. der Rest aus dem Rentenkapital der betreffenden Klasse, soweit der davon auf die ausscheidende Einlage treffende Theil hierzu ausreicht und die betreffende Jahresgesellschaft zur Zeit der Berechnung der Rückgewähr seit 5 Jahren besteht;
C. der nach Maßgabe der Bestimmung unter B. nicht gedeckte Betrag der Rückgewähr aus dem Reservefonds.

V. In den Jahresgesellschaften 1889 u. folg. wird der zu B. be-

---

*) In § 32 Abs. 2 des ersten Statuts v. J. 1838 lauteten die letzten Worte: „so wird jedenfalls noch die ganze Rente des Abgangsjahres hinausgezahlt.“ Damit ist sowohl dort wie an entsprechender Stelle des revid. Statuts nur die nach § 21 A berechnete Klassenrente gemeint, nicht die damals gar nicht bekannte Zuschlagsrente (§ 21 B). Auch jetzt wird die Zuschlagsrente nicht als Rückgewähr gezahlt.

zeichnete Rest auch in den ersten 5 Jahren des Bestehens der Jahresgesellschaft aus dem Rentenkapital entnommen.

Die Rückgewähr ist ohne weitere Frist zahlbar, sobald der Abgang III. des betreffenden Mitgliedes und die Legitimation des Empfängers vorschriftsmäßig nachgewiesen ist, und der Betrag der Rückgewähr festgestellt werden kann.

§ 33. R.

Buchauszug über die Rückgewährung.

Sobald die Direction von einem Todes- oder Auswanderungsfall Nachricht erhält, ertheilt sie demjenigen, der die Rückgewähr in Anspruch nimmt, über den Betrag der letzteren einen von ihr vollzogenen Buchauszug, welcher vollständig ergeben muß, wie das Conto des Ausscheidenden sich gestaltet.

Ist die Erhebung der hiernach zur Zahlung angewiesenen Rückgewähr geschehen, so wird angenommen, daß die Betheiligten mit der Richtigkeit des Buchauszuges einverstanden sind. Glauben sie aber, gegen denselben Einwendungen machen zu können, so haben sie solche vor der Erhebung des Geldes und spätestens binnen sechs Monaten nach Aushändigung des Buchauszuges bei der Direction anzubringen. Halten sie durch den darauf von derselben ergehenden Bescheid ihre Reklamation nicht für erledigt, so verbleibt ihnen binnen anderweiten sechs Wochen der Rekurs an das Curatorium, und in fernerer Instanz binnen einer Frist von sechs Wochen an das der Anstalt vorgesetzte Königliche Ministerium.

Eine gerichtliche Klage findet aus dieser Veranlassung nicht statt.

§ 34.

Legitimation der Erben und Ausgewanderten. Verfall der Rückgewährung.

Die Zahlung der Rückgewähr erfolgt bei der Hauptkasse der Anstalt auf geführten Nachweis des Todes oder der erfolgten Auswanderung in der Regel an denjenigen, welcher sich im Besitz der Rentenverschreibung nebst unabgehobenen Coupons oder des Interimsscheines befindet, gegen Rückgabe derselben. Die Direction ist berechtigt, jedoch nicht verpflichtet, über die Rechtmäßigkeit des Besitzes einen besonderen Nachweis zu verlangen.

Von der Rückgewähr wird der Betrag der fehlenden, noch nicht eingelösten Coupons in Abzug gebracht. Ist die auf einen derselben fallende Rente noch nicht ermittelt (§ 25), so muß der Zahlung der Rückgewähr bis dahin Anstand gegeben werden.

Erfolgt gegen die Zahlung Einspruch bei der Direction, so muß derselbe zwar berücksichtigt, jedoch wenn solcher nicht wieder zurückgenommen wird, innerhalb längstens drei Monaten nachgewiesen werden, daß die Sache auf gerichtlichem Wege anhängig gemacht worden, widrigenfalls nach Verlauf dieser Frist die Zahlung an den Präsentanten der vorbezeichneten Dokumente geschehen kann.

Ist die Zahlung schon vor erfolgtem Einspruch geleistet, so kann die Anstalt deshalb nicht in Anspruch genommen werden.

In Auswanderungsfällen kann die Direction die Zahlung schon vor der wirklichen Verlegung des Wohnsitzes leisten, sobald ihr die Ueberzeugung verschafft ist, daß die Auswanderung ernstlich beabsichtigt, und deren Ausführung sicher gestellt ist.

III. Die Rückgewähr auf Einlagen in den Jahresgesellschaften 1839 bis 1850 verfällt zu Gunsten der Anstalt, wenn solche nicht 1) im Fall erhobener Reklamation gegen den Buchauszug (§ 33) binnen vier Jahren vom Tage des Endbescheides, 2) im Fall nicht erhobener Reklamation binnen vier Jahren, vom Datum des Buchauszuges gerechnet, abgehoben worden ist.

Bei Einlagen in den Jahresgesellschaften 1851 und folgende erlischt das Recht auf Rückgewähr durch den Ablauf von vier Jahren, welche a) in Todesfällen vom Todestage an, b) in Auswanderungsfällen vom Ende des Jahres, in welchem der Auswandernde seinen Austritt der Direction angekündigt hat, gerechnet werden.

Bis zum Ablauf der Verfallzeit können die unabgehobenen Rückgewährbeträge zinsbar benutzt werden und fallen die davon aufkommenden Zinsen dem Verwaltungskostenfonds zu; die Rückgewährbeträge selbst aber werden im Fall des eingetretenen Verfalls dem Rentenkapital derjenigen Klasse zugesetzt, welcher das Mitglied angehört hat.

R. § 35.

Verschollene Interessenten und Erlöschen deren Ansprüche.

Unterbleibt die Erhebung zahlbarer Renten während zehn auf einanderfolgender Jahre, so soll nach Ablauf dieses Zeitraums — der bei Minderjährigen von dem zurückgelegten 24sten Lebensjahre zu laufen anfängt — das Mitglied oder der (nach § 7) etwa sonst Berechtigte, in Beziehung auf die Anstalt als verschollen angesehen und behandelt werden.

Zu dem Ende erläßt die Direction nach Ablauf der zehnjährigen Frist einen durch zwei Berliner Zeitungen je zwei Mal mit sechsmonatlichem Zwischenraum und durch den nächsten Rechenschaftsbericht bekannt zu machenden Aufruf an das Mitglied der Anstalt und zugleich an die etwa sonst Betheiligten, sich bei Verlust der an die Anstalt habenden Rechte und Ansprüche binnen Jahresfrist, spätestens aber an dem namhaft zu machenden Tage zu melden und der Zuweisung des Guthabens gewärtig zu sein.

Meldet sich in dieser Frist Niemand, so wird nach Ablauf des bestimmten Termins die Mitgliedschaft als erloschen betrachtet und der Verlust alles Anspruches an die Anstalt für Vergangenheit und Zukunft durch ein von der Direction abzufassendes, von dem Curatorium zu genehmigendes Resolut, gegen welches kein Remedium, auch keine Berufung auf richterliches Gehör stattfindet, ausgesprochen.

Bei Verschollenerklärungen fallen die Zinsen von den bei der Anstalt ad depositum zu nehmenden Renten dem Verwaltungskostenfonds zu, die Renten selbst aber, sowie die Rückgewährbeträge kommen dem Rentenkapital derjenigen Klasse zu gute, der das Mitglied angehörte. III.

Wird in Folge des Aufrufs die Mitgliedschaft bei der Anstalt aufrecht erhalten, oder eine Rückgewähr von derselben geleistet, so haben die Interessenten die Kosten des Aufrufs zu tragen; andernfalls werden solche aus dem Verwaltungskostenfonds bestritten.

In ganz besonderen Fällen kann zu Gunsten der Interessenten eine Ausnahme von obigen Bestimmungen seitens der Direction bewilligt werden.

Die Berliner Zeitungen, durch welche die Bekanntmachungen erfolgen sollen, sind in § 65 bezeichnet.

§ 36. R.

Ausschließung von der Anstalt.

Unrichtige Angaben, sowie unrichtige Geburts-, Tauf-, Lebens- und andere der Anstalt eingereichte Atteste, wodurch das wahre Verhältniß der Sache dergestalt entstellt worden, daß bei der wahrheitsgemäßen Angabe oder Bescheinigung desselben der beabsichtigte Zweck nicht zu erreichen gewesen wäre, ziehen in der Regel die Ausschließung von der Anstalt nach sich, und sollen die Interessenten, welche sich dergleichen Unrichtigkeiten absichtlich haben zu Schulden kommen lassen, nicht nur für immer die erschlichenen Rechte und Ansprüche an die Anstalt verlieren, sondern auch die etwaigen Bezüge wieder zu erstatten verpflichtet sein.

Auf geführte summarische Untersuchung hat die Direction der Anstalt in der Sache ein Resolut abzufassen, gegen welches dem Angeschuldigten binnen sechs Wochen nach Publikation desselben freisteht, entweder auf Verweisung der Sache in den Weg Rechtens anzutragen, oder gegen jenes Resolut den Rekurs an das Curatorium der Anstalt und gegen das Resolut des Letzteren binnen gleicher Frist den Rekurs an das der Anstalt vorgesetzte Königliche Ministerium zu ergreifen. Hat der Angeschuldigte den letzteren Weg gewählt, so kann er nicht weiter auf den Antrag einer gerichtlichen Untersuchung zurückgehen. Aus dem Resolute ist eventualiter gegen den Betheiligten zu klagen.

Bei anscheinend unabsichtlichem oder unwissentlichem Gebrauch unrichtiger Dokumente obiger Art kann die Sache im Wege des Vergleichs zwischen der Direction und dem Betheiligten beseitigt werden, immerhin jedoch so, daß Letzterer keinen Vortheil aus dem unrichtigen Inhalt der Papiere ziehen darf, und unterliegt ein solches Abkommen der Bestätigung des Curatoriums.

Was in allen diesen Fällen der Anstalt anheim fällt, verbleibt dem Rentenkapital derjenigen Klasse, in welcher sich der Fall ereignet hat.

§ 37.

Verloren gegangene Aufnahmedokumente und Coupons.

Verloren gegangene und durch zufällige Ereignisse vernichtete Rentenverschreibungen und Interimsscheine werden auf desfallsige Anzeige der Interessenten gegen Ausstellung eines Mortifikationsscheins durch Duplikate ersetzt.

Eingelieferte beschädigte Rentenverschreibungen, Interimsscheine und Rentencoupons können ohne Mortificirung durch Duplikate ersetzt werden, falls diese Dokumente als die für die betreffende Person und Nummer ausgefertigten zu erkennen sind.

In der Regel ist für neu ausgefertigte Rentenverschreibungen und Interimsscheine ein nochmaliges Eintrittsgeld zu entrichten.

Die gerichtliche Mortificirung verlorener Coupons findet nicht statt. Sie werden jedoch, soweit sie nicht bereits zur Erhebung gelangt sind, dem Berechtigten gegen das erforderliche Lebensattest nach abgelaufenem Verfalltermin in dem Fall bezahlt, wenn er vor dessen Eintritt der Direction ihren Verlust zur Anzeige und ihre nachherige Zahlung in Antrag gebracht hat.

In allen Fällen trägt die Kosten der Interessent.

§ 38.

Reservefonds.

Der Reservefonds ist für alle Jahresgesellschaften bestimmt. Seine Einnahmen und Ausgaben sind die nachstehenden:

A. Einnahmen:

1. das Aufgeld für Einlagen und Nachtragszahlungen (§ 10);

2. der Mehrbetrag an Zinsen vom Dotationskapital der Jahresgesellschaft 1888 für das Jahr 1889 (§ 16 Abs. 2);
3. die bei Behandlung der Nachtragszahlungen und Rentengutschriften auf unvollständige Einlagen in den Jahresgesellschaften 1839 bis 1888 behufs deren Zuführung zum Rentenkapital sich herausstellenden Ueberschüsse;
4. die in § 17a für den Reservefonds bestimmten Prozente der Einlagen, Nachtragszahlungen und Rentengutschriften in den Jahresgesellschaften 1889 u. folg.;
5. das Eintrittsgeld von neuen Einlagen (§ 8);
6. 3 Prozent Zinsen des Reservefonds nach seinem Bestande zu Anfang des Jahres, soweit die durchschnittlichen Zinsen der Anlagen II. Serie dazu ausreichen (§ 59b);
7. die verfallenen Ueberschüsse, welche bei Vervollständigung von Einlagen entstanden sind;
8. die Erbschaften aus den Jahresgesellschaften 1878—1888 nach Maßgabe des § 24a.

B. Ausgaben:

1. Zuschuß behufs Gewährung der Renten für die Jahresgesellschaften 1839—1888 gemäß § 21 Abschn. A Abs. 7;
2. Zuschuß zur Rückgewähr in allen Klassen bei Todes- und Auswanderungsfällen nach näherer Bestimmung des § 32 (unter C);
3. Zuschuß bei der Zuführung der betreffenden Nachtragszahlungen und Rentengutschriften auf unvollständige Einlagen in Klasse V der Jahresgesellschaften 1839—1888 zum Rentenkapital (§ 20);
4. Zuschuß zu den Verwaltungskosten;
5. die Zuschlagsrenten gemäß § 21 Abschn. B.

Die Abänderung und Wiederaufhebung der vorstehenden Bestimmungen, sowie die Einführung neuer Vorschriften über die Verwendung des Reservefonds bleibt ausdrücklich vorbehalten. Keinem Mitgliede der Anstalt und keinem zum Bezuge von Renten und Rückgewähr Berechtigten steht dagegen ein Widerspruch zu.

§ 39. R.

Vermächtnisse und Geschenke.

Fallen der Anstalt Vermächtnisse oder Geschenke zu, so werden solche nach den speziellen Bestimmungen der Wohlthäter, in deren Ermangelung aber in folgender Art verwendet:

a) wenn das Vermächtniß oder Geschenk bloß im Allgemeinen für die Anstalt bestimmt ist, so wird solches dem Rentenkapital der ältesten Jahresgesellschaft und zwar der ältesten Klasse derselben zugesetzt;

b) ist das Vermächtniß oder Geschenk für eine gewisse Jahresgesellschaft bestimmt, so wird es dem Rentenkapital der ältesten Klasse dieser Gesellschaft zugeschrieben;

c) ist es einer bestimmten Klasse einer Gesellschaft gewidmet, so wird solches dem Rentenkapital dieser Klasse zugesetzt.

Wenn die Einlagen der betreffenden Klassen aber schon das Maximum der Rente von 450 Mark erreicht haben, so finden in allen drei der vorgedachten Fälle die Bestimmungen der §§ 23 und resp. 24 Anwendung.

III. d) Wenn die Jahresgesellschaften 1839 bis 1877 nicht mehr bestehen oder alle die höchste Rente erhalten, so fallen alle Geschenke und Vermächtnisse dem Verwaltungskostenfonds (§ 59a.) zu.

R. Zur Annahme eines Vermächtnisses oder Geschenkes, welches die Summe von Dreitausend Mark übersteigt, ist die landesherrliche Genehmigung erforderlich.

Alle Zuwendungen der hier in Rede stehenden Art, welche die Anstalt erhalten und angenommen hat, werden in dem folgenden Jahresabschlusse zur öffentlichen Kenntniß gebracht, auch die Namen der Wohlthäter dabei angegeben, sofern sie nicht ausdrücklich das Gegentheil verlangt haben.

Vermächtnissen oder Geschenken, welche gegen die Grundsätze der Anstalt verstoßen, ist das Curatorium die Annahme zu versagen verpflichtet.

Unter solchem Verstoß wird beispielsweise verstanden, wenn ein Geschenk oder Vermächtniß einer bestimmten Religionspartei oder einem gewissen Stande gewidmet worden.

III.

§ 40.

Für die Jahresgesellschaften 1878 und folgende findet keine Erweiterung der Sammelperiode statt.

§ 41.

Aufhören der Anstalt.

Die Auflösung der Anstalt bedarf der landesherrlichen Genehmigung. Was nach Erfüllung aller Verträge von dem Vermögen der Anstalt übrig bleibt, fällt nach Maßgabe näherer landesherrlicher Bestimmung anderen wohlthätigen und gemeinnützigen, unter öffentlicher Verwaltung stehenden Anstalten des Preußischen Staates zu.

Titel II. R.

Ressortbestimmungen und Verwaltungsnormen.

§ 42.

Ressort der Anstalt.

Die Anstalt steht unter dem Schutze und der Oberaufsicht des Staates. Das betreffende Königliche Ministerium ernennt einen beständigen Commissarius, welcher an den in den §§ 61 und 62 bezeichneten Geschäften Theil nimmt und außerdem die Befugniß hat, außerordentliche Revisionen der Kasse der Anstalt durch das Curatorium zu veranlassen und denselben beizuwohnen.

§ 43.

Aufsichts- und Verwaltungsorgane.

Unter der Oberaufsicht des betreffenden Königlichen Ministeriums werden die Angelegenheiten der Anstalt von einem Curatorium und von einer Direction besorgt, während auch die Gesammtheit der Mitglieder der Anstalt an gewissen, in den §§ 54 und 57 bestimmten Geschäften Theil nimmt.

§ 44. III.

Curatorium.

Das Curatorium ist dazu bestimmt, in Bewachung der Statuten das gemeinschaftliche Interesse des Staates und der Anstalt wahrzunehmen, die erforderlichen Ministerialgenehmigungen zu erwirken, die Direction in ihrer Verwaltung zu beaufsichtigen und zu kontroliren, insbesondere auch bei der Benutzung und Sicherstellung der Fonds (Titel III.) mitzuwirken.

Das Curatorium ressortirt von dem Minister des Innern. Es besteht aus einem Präsidenten, einem Vicepräsidenten und aus 6 Curatoren, deren jeder einen Stellvertreter erhält.

Das Curatorium repräsentirt — namentlich in der Person der Präsidenten — den Staat und nimmt die Rechte aller Interessenten der Anstalt mit unbeschränkter Vollmacht wahr.

Die Namen der Präsidenten, sowie der Curatoren und ihrer Stellvertreter werden öffentlich bekannt gemacht. Ihre Legitimation wird durch ein vom Minister des Innern ausgestelltes Attest geführt.

§ 45. R.

Präsident des Curatoriums.

Der Präsident wird auf den Vorschlag des betreffenden Königlichen Ministeriums von des Königs Majestät ernannt. Seine Amtsdauer ist drei Jahre, bei deren Ablauf auf demselben Wege eine anderweite Besetzung der Stelle durch Bestätigung des bisherigen oder Ernennung eines neuen Präsidenten erfolgt. In derselben Art wird dem Präsidenten ein Stellvertreter bestellt.

III. § 46.

Curatoren.

Die Curatoren und ihre Stellvertreter werden von der Generalversammlung (§§ 54, 57) gewählt.

Die Präsidenten, Curatoren und ihre Stellvertreter müssen Männer im Alter von wenigstens 30 Jahren sein, welche durch eine Einlage für sich selbst oder für Andere bei der Anstalt nach Titel I. betheiligt sind, oder welche nach Titel VII. Mitglieder sind oder die Rechte eines Mitgliedes nach demselben Titel ausüben können. Sie müssen ihren gewöhnlichen Wohnsitz in Berlin oder dessen dreimeiligem Umkreise oder in Potsdam haben. Durch Verlegung seines Wohnsitzes außerhalb dieses Bezirks verliert ein Curator ohne Weiteres diese Eigenschaft.

Der Präsident und der Vicepräsident werden in gleichem Falle durch anderweite Ernennung ersetzt.

§ 47.

Amtsdauer der Curatoren.

Die Amtsdauer der Curatoren und ihrer Stellvertreter ist eine sechsjährige. Alljährlich treten von den Curatoren der der Amtsdauer nach älteste und sein Stellvertreter aus und werden durch neue Wahlen ersetzt. Die Ausscheidenden sind wieder wählbar.

Die zur Zeit des Inkrafttretens dieses Nachtrags fungirenden Curatoren und ihre Stellvertreter bleiben für den Zeitraum in Funktion, für welchen sie gewählt sind. So lange nach dem bisherigen Turnus je 2 Curatoren und 2 Stellvertreter ausscheiden, sind an ihre Stelle ein Curator und sein Stellvertreter auf 3 Jahre und der zweite Curator und sein Stellvertreter auf 6 Jahre zu wählen.

§ 48.

Remunerationen. Kosten der Staatsaufsicht.

Der Präsident des Curatoriums, der Vicepräsident und der Delegirte (§ 50 II), sowie die Revisoren (§ 55) erhalten eine vom Minister des Innern auf Vorschlag des Curatoriums festzusetzende Remuneration.

Dem Minister des Innern werden die erforderlichen Mittel zur Bestreitung der Kosten der Staatsaufsicht (§§ 42, 62) in einer von ihm auf Vorschlag des Curatoriums festzusetzenden Summe jährlich überwiesen.

§ 49. R.

Niederlegung der Stellen.

Dem Präsidenten und den übrigen Mitgliedern des Curatoriums sowie den Stellvertretern soll die Genehmigung zur Niederlegung ihrer Aemter vor Ablauf der vorbemerkten Dauer auf ihr Ansuchen nicht versagt werden. Es ist solche jedoch drei Monate vor Eintritt des Zeitpunktes der beabsichtigten Zurückziehung nachzusuchen, seitens des Präsidenten und dessen Stellvertreters bei dem Königlichen Ministerium, seitens der übrigen Mitglieder bei dem Curatorium. Bei dem Abgange eines erwählten Mitgliedes, sowie in Sterbefällen, tritt in der Regel ein Stellvertreter bis zur Zeit der nächsten gewöhnlichen Wahl für den Abgegangenen ein. Das Curatorium kann aber schon früher die Wahl eines neuen Mitgliedes oder Stellvertreters veranlassen, wenn dasselbe solches für angemessen oder nothwendig hält.

§ 50. III.

I. Organisation des Curatoriums.

Der Präsident beruft und leitet die Sitzungen des Curatoriums, vertritt dasselbe nach Außen und unterzeichnet die vom Curatorium ausgehenden Berichte und Ausfertigungen. Er beruft die Generalversammlungen und führt in ihnen den Vorsitz.

An den Sitzungen des Curatoriums nimmt in der Regel wenigstens ein Mitglied der Direction mit consultativem Votum Theil. Dasselbe ist von der Direction generell oder für die einzelnen Fälle zu deputiren. Die übrigen Mitglieder der Direction sind zugleich befugt, den Sitzungen des Curatoriums beizuwohnen. Der Präsident kann auch die Abhaltung einer Curatorialsitzung ohne Zuziehung aller oder bestimmter Directionsmitglieder anordnen. In solchem Falle kann aber die Mehrheit des Curatoriums die anderweite Verhandlung eines bestimmten Gegenstandes mit Zuziehung von Directionsmitgliedern beschließen.

Das Curatorium kann gültige Beschlüsse nur fassen, wenn wenigstens fünf Mitglieder oder gehörig berufene Stellvertreter anwesend sind. Die Beschlüsse erfolgen nach absoluter Stimmenmehrheit. Bei Stimmengleichheit entscheidet die Stimme des Vorsitzenden.

Außer den durch Gesetz oder anderweite Bestimmungen der Statuten bezeichneten Fällen ist namentlich in folgenden Angelegenheiten ein Beschluß des Curatoriums erforderlich:

1. bei der Wahl eines Mitgliedes der Direction und der Feststellung der Anstellungsbedingungen;
2. bei der Wahl des Rendanten, des Controleurs oder der Anstellung eines sonstigen Beamten, bei längerem Engagement

eines Hilfsarbeiters nach Maßgabe des § 51 und bei der Kündigung eines auf Kündigung angestellten Beamten (§ 51 II.);

3. bei der Pensionirung von Mitgliedern der Direction und von Anstaltsbeamten;
4. bei der Wahl des Delegirten (§ 50 II.);
5. bei Feststellung des Jahresberichts und des Etats, bei Ertheilung der Decharge von Jahresrechnungen, bei Genehmigung von Etatsüberschreitungen und bei Vorschlägen betreffs der im § 48 bezeichneten Remunerationen und Aufsichtskosten;
6. bei Aufstellung der Candidatenlisten für die seitens der Generalversammlung vorzunehmenden Wahlen (§ 56 Nr. 2);
7. bei Statutenänderungen (§ 64);
8. bei Feststellung von Dividenden und Festsetzung neuer Tarife, Versicherungsbedingungen u. s. w. (§§ 83, 72, 85);
9. bei Genehmigung neuer Arten von Anlegung disponibler Gelder, sowie in allen Fällen, in denen der Delegirte die Entscheidung des Curatoriums beantragt (§ 50 II.);
10. beim Ankauf von Grundstücken und Gerechtigkeiten, welcher nicht in nothwendiger Subhastation erfolgt, sowie beim Verkauf von Grundstücken und Gerechtigkeiten und bei Anmiethungen;
11. bei Feststellung von Geschäftsinstruktionen, sowie von Pensionsreglements für Mitglieder der Direction, Beamte und ihre Hinterbliebenen (§ 53).

II. Der Delegirte des Curatoriums.

Zu Anfang jedes Kalenderjahres wählt das Curatorium aus den Curatoren einen Delegirten, welcher den Beschlüssen der Direction bezüglich der Ausleihung von Geldern auf Hypotheken, Grundschuldbriefe und Lombard, sowie in Betreff des An- und Verkaufs von Werthpapieren und des Abschlusses von Vermiethungsverträgen Namens des Curatoriums beizustimmen befugt ist, aber auch die Beschlußfassung des Curatoriums über diese Gegenstände beantragen kann (§ 50 I. Nr. 9).

§ 51.

Direction und sonstiges Personal.

I. Direction.

Der Direction liegt die Verwaltung der Anstalt ob. Das Curatorium ist ihr nächster Vorgesetzter, sie hat dessen Anordnungen überall Folge zu leisten.

Die Direction besteht aus 3 Mitgliedern, von denen eins die Befähigung zum Richteramt haben muß; sie vertritt die Anstalt nach außen in allen Angelegenheiten einschließlich derjenigen, in welchen Spezialvollmacht erforderlich ist. Sie stellt alle Urkunden aus, durch welche die Anstalt vermögensrechtlich verpflichtet werden soll. Zur Gültigkeit aller Rentenverschreibungen und sonstiger Versicherungsurkunden, aller Vollmachten, Cessionen, Quittungen und aller andern behufs Eintragungen und Löschungen ausgestellten Schriftstücke sind die Unterschriften zweier Directoren oder die eines Directors und eines stellvertretenden Directors erforderlich und genügend. Alle übrigen Schriftstücke bedürfen nur der Unterschrift eines Directionsmitgliedes, die Coupons des Facsimiles eines solchen.

Die Direction faßt ihre Beschlüsse selbstständig, jedoch bedarf sie in den in dem § 50 I. Nr. 10, 11 und II. bezeichneten Fällen der Zustimmung des Curatoriums, welche bei Bewilligung von Darlehnen auf Hypotheken oder Grundschuldbriefe, sowie auf Lombard, beim An- und Verkauf von Werthpapieren und beim Abschluß von Vermiethungsverträgen durch die Zustimmung des Delegirten gemäß § 50 II. ersetzt werden kann. Die Zustimmung des Curatoriums oder des Delegirten braucht die Direction nach Außen hin nicht nachzuweisen.

So lange nur zwei Directoren fungiren, entscheidet bei Differenzen zwischen ihnen in Betreff eines Beschlusses der Delegirte des Curatoriums.

Die Mitglieder der Direction werden vom Curatorium auf Lebenszeit gewählt. Die Wahl bedarf der Bestätigung des Ressortministers. Die Mitglieder der Direction und ihre Stellvertreter werden durch ministerielles, in den Anstaltsblättern (§ 65) zu veröffentlichendes Attest legitimirt. Das Curatorium kann jederzeit Stellvertreter für fehlende oder verhinderte Directoren bestellen.

Von Mitgliedern der Direction kann bei ihrer Anstellung die Bestellung einer Caution, deren Höhe das Curatorium festsetzt, gefordert werden.

Die unfreiwillige Entlassung eines Mitgliedes der Direction mit oder ohne Pension kann nur aus Gründen, welche die Entfernung eines Staatsbeamten aus seinem Amte rechtfertigen, erfolgen. Die Einleitung des Verfahrens auf Entlassung geschieht durch Beschluß des Curatoriums. Die Entscheidung hat — nöthigenfalls nach einer vom Präsidenten zu veranlassenden Vorinstruktion — in einer Sitzung des Curatoriums zu erfolgen, an welcher einschließlich des Präsidenten sämmtliche acht Mitglieder, event. deren Stellvertreter theilzunehmen haben und zu welcher der betreffende Director behufs der mündlichen Anhörung zuzuziehen ist, ohne daß sein Ausbleiben die Entscheidung hindert.

Die Entscheidung kann auch auf Warnung oder Rüge lauten.

Eine auf Dienstentlassung, Warnung oder Rüge lautende Entscheidung bedarf einer Mehrheit von wenigstens fünf Stimmen.

Dem betreffenden Director steht gegen die Entscheidung des Curatoriums die Berufung an den Minister des Innern zu. Die Anmeldung der Berufung hat binnen einer Präklusivfrist von vier Wochen schriftlich bei dem Curatorium oder bei dem Minister zu erfolgen. Die Frist beginnt mit dem Ablaufe des Tages, an welchem die schriftliche mit Gründen versehene Entscheidung des Curatoriums dem betreffenden Director zugestellt ist. Zur schriftlichen Rechtfertigung der Berufung steht eine fernere vierzehntägige Frist offen, welche der Minister auf Antrag verlängern kann.

Zur näheren Aufklärung kann der Minister eine commissarische Erörterung verfügen.

Die Suspension eines Directors vom Amte tritt nach Maßgabe der §§ 48 bis 53 des Disziplinargesetzes vom 21. Juli 1852 (G.-S. S. 475) und mit den dort bezeichneten Wirkungen ein.

Die Directoren müssen sich bei ihrer Anstellung diesen Bestimmungen unterwerfen.

II. Sonstige Beamte.

Die sämmtlichen sonstigen Beamten der Anstalt werden nach gutachtlicher Aeußerung der Direction vom Curatorium gewählt.

Ueber die Voraussetzungen und Formen, unter welchen sie unfreiwillig entlassen oder sonstigen Disziplinarmaßregeln unterworfen werden können, haben die Geschäftsreglements Bestimmung zu treffen.

Alle diese Beamten werden auf Kündigung oder auf Lebenszeit angestellt. Die Kassenbeamten müssen vor Antritt ihres Amtes eine vom Curatorium zu bestimmende Caution bestellen.

Die Annahme von Hilfsarbeitern und Hilfsdienern geschieht nach Bedarf durch die Direction. Die Beibehaltung eines Hilfsarbeiters über sechs Monate oder über die etatsmäßigen Mittel hinaus bedarf der Genehmigung des Curatoriums. Zur Ausübung des Kündigungsrechtes gegen einen Beamten bedarf die Direction der Zustimmung des Curatoriums.

R.

§ 52.

Agenten der Anstalt.

Um die Verbindung der Theilnehmer der Anstalt mit der Direction möglichst zu erleichtern, sollen Agentschaften eingerichtet werden, bei denen die Aufnahmedeklarationen anzubringen, die Einlagen &c. einzuzahlen und die Renten zu erheben sind.

Die Agenten werden mit Vorbehalt des Widerrufs angenommen und deren Ernennung, sowie jede Veränderung in der Person muß durch die betreffenden Amtsblätter der Königlichen Regierung bekannt gemacht werden.

Die Anstalt bleibt den Interessenten für die Handlungen der Agenten, insoweit diese Handlungen zu dem Geschäftsumfange der letzteren gehören, verhaftet, und der Direction es überlassen, mit Genehmigung des Curatoriums gegen die Agenten die nöthigen Sicherheits- und Controlmaßregeln anzuwenden. Insofern letztere von den Theilnehmern der Anstalt mit zu beachten sind, muß das Publikum von den betreffenden Maßregeln auf dem im § 35 vorgeschriebenen Wege in Kenntniß gesetzt werden.

Die Interessenten der Anstalt sind verpflichtet, den ihre Mitwirkung IV.
bezielenden deßfallsigen Bestimmungen nachzukommen, widrigenfalls sie sich die für sie aus der Unterlassung etwa entstehenden Nachtheile selbst beizumessen haben. In Betreff der Prämienzahlung für Versicherungen nach Titel VII. ist § 68 zu beachten.

§ 53. R.

Geschäftsreglement und Cautionsbestellung.

Zur Ausführung der Statuten ist das Curatorium berechtigt, Be- III.
stimmungen über das Diensteinkommen und die Pensionen der Directoren und sonstigen Beamten der Anstalt, sowie für ihre Hinterbliebenen festzusetzen; Geschäftsreglements und Instructionen zu erlassen und die bestehenden abzuändern.

In denselben werden die näheren Bestimmungen über die Rechte R.
und Pflichten der vorerwähnten Behörden, Beamten und Agenten der Anstalt und über den Geschäftsgang getroffen.

Die allgemeinen Grundsätze der Statuten müssen dabei überall festgehalten werden.

Die cautionspflichtigen Beamten müssen ihre Cautionen vor Antritt der Aemter berichtigt haben.

§ 54.

Generalversammlung.

Die Gesammtheit der Mitglieder der Anstalt nimmt an der Controle über die Verwaltung derselben in der Art Antheil, daß durch periodische Generalversammlungen der Theilnehmer, sowohl die Mitglieder des Curatoriums und deren Stellvertreter, (welche unmittelbar über das Interesse des Ganzen zu wachen berufen sind), als auch zwei Revisionscommissarien und zwei Stellvertreter aus ihrer Mitte gewählt werden.

Die Generalversammlungen finden in der Regel alljährlich statt III.

und müssen die Termine seitens des Curatoriums gemäß § 65 bekannt gemacht werden.

Die Direction erstattet in jeder Generalversammlung Bericht über die allgemeine Geschäftslage der Anstalt.

R. § 55.

Revisionscommissarien.

III. Die Erfordernisse der Wahlfähigkeit der beiden Revisionscommissarien und ihrer Stellvertreter (§ 54) sind dieselben, wie die der Curatoren (§ 46). Ihre Wahlperiode ist eine zweijährige.

Die Ausscheidenden sind wieder wählbar.

R. Diese beiden Revisionscommissarien oder deren Stellvertreter nehmen an den in den §§ 61 und 62 bestimmten Geschäften Theil. Ihre etwaigen Erinnerungen gegen die Geschäftsverwaltung und ihre darauf bezüglichen Anträge haben sie bei dem Königlichen Ministerialcommissarius anzubringen.

III. § 56.

Wahl- und Candidatenliste.

In Ansehung des Wahlgeschäfts treten folgende Bestimmungen ein:

1. Die Direction läßt eine Liste der als Curatoren, beziehentlich als Revisoren wählbaren Personen (Wahlliste) nach den vorhandenen Nachrichten, zu deren Vervollständigung sie vorher geeignete Publicationen erlassen kann, aufstellen.
2. Aus der Wahlliste werden zwei Candidatenlisten, die eine für die Wahl der Curatoren und ihrer Stellvertreter, die andere für die Wahl der Revisoren und ihrer Stellvertreter in folgender Weise gebildet:
   a) die ausscheidenden Curatoren, Revisoren und ihre Stellvertreter werden zunächst darauf gesetzt;
   b) sodann wählt das Curatorium mit absoluter Majorität doppelt soviel Candidaten, als von der Generalversammlung Personen zu wählen sind;
   c) darauf überreicht das Curatorium die soweit hergestellten Candidatenlisten mit der Wahlliste dem Minister des Innern behufs Bezeichnung weiterer Candidaten in doppelter Zahl der zu Wählenden.
3. Die so vervollständigten Candidatenlisten werden der Direction zugestellt, welche dieselben drucken und die Einladung zur Generalversammlung publiciren läßt. Spätestens 10 Tage vor dem Wahltermin müssen die Candidatenlisten im Geschäfts-

lokal der Anstalt zur Einsicht ausgelegt und die Einladungen publicirt werden.

§ 57.

Verfahren in den Generalversammlungen.

In den Generalversammlungen findet folgendes Verfahren statt:

1. Der Präsident des Curatoriums resp. sein Vertreter führt den Vorsitz und ein Mitglied der Direction fungirt als Protocollführer.
2. Die Stimmberechtigung steht allen Personen zu, welche durch Einlagen für sich selbst oder Andere nach Titel I. bei der Anstalt betheiligt sind, oder welche nach Titel VII. selbst Mitglieder sind oder nach demselben Titel die Rechte eines Mitgliedes ausüben können (§. 66 a. d.). Minderjährige und Personen weiblichen Geschlechts können nicht persönlich an den Generalversammlungen Theil nehmen. Minderjährige werden durch ihre Väter oder Vormünder oder auf Grund der von diesen ausgestellten Vollmachten vertreten. Stimmberechtigte weiblichen Geschlechts können sich durch ihre Ehemänner oder durch andere Männer, welche eigenes Stimmrecht (Nr. 4 Alinea 2) haben, vertreten lassen.
3. Die in der Generalversammlung Erscheinenden müssen die ihr eigenes Stimmrecht resp. das ihrer Ehefrauen, Kinder oder Pflegebefohlenen begründenden Urkunden vorlegen. Wird dieses Stimmrecht anderweit glaubwürdig festgestellt, so bedarf es der Vorlegung der Urkunden nicht. In allen zweifelhaften Fällen entscheiden die anwesenden Mitglieder des Curatoriums über das Stimmrecht.
4. Vollmachten, auf Grund deren eine Vertretung erfolgen soll, sind spätestens 48 Stunden vor dem publicirten Beginn der Generalversammlung bei der Direction einzureichen. Substitutionen sind auch später zulässig. Ehemänner bedürfen keiner Vollmachten zur Vertretung ihrer Frauen.

   Als Bevollmächtigte oder Substituten können nur solche Männer auftreten, die entweder selbst Stimmrecht haben oder ein solches als Ehemänner, Väter oder Vormünder ausüben (Nr. 2, 4).
5. Jeder Stimmberechtigte hat ohne Rücksicht auf die Zahl der Einlagen nur eine Stimme. Auch darf Niemand auf Grund von Vollmachten oder in Vertretung mehr als 10 Stimmen abgeben.

6. Die Wahl erfolgt für jede Stelle besonders mittels Stimmzettel, welche die Namen sämmtlicher Candidaten enthalten. Der Abstimmende hat alle Namen bis auf einen zu durchstreichen und giebt seine Stimme für denjenigen ab, dessen Name nicht durchstrichen ist. Stimmzettel, auf welchen mehr als ein Name nicht durchstrichen ist, sind ungültig.
7. Bei der Wahl ist absolute Mehrheit entscheidend; ist diese im ersten Wahlgange nicht erreicht, so kommen die beiden — event. die mehr als zwei — Candidaten, welche die meisten Stimmen hatten, zur engeren Wahl. Bei Stimmengleichheit entscheidet für die Wahl selbst, sowie für die Zulassung zur engeren Wahl stets das vom Vorsitzenden zu ziehende Loos.
8. Das Resultat der Wahl wird der Generalversammlung sofort mitgetheilt und den abwesenden Erwählten die auf sie gefallene Wahl durch das Curatorium schriftlich bekannt gemacht.
9. Wenn in der Generalversammlung die Annahme der Wahl abgelehnt oder deren Unwirksamkeit aus einem anderen Grunde festgestellt wird, so erfolgt sofort eine andere Wahl.
10. Geschieht die Ablehnung oder die Feststellung der Unwirksamkeit einer Wahl erst nach dem Schluß der Generalversammlung, so cooptirt das Curatorium ein anderes Mitglied, beziehentlich einen Revisor oder einen Stellvertreter aus der Candidatenliste für die Zeit bis zur nächsten Generalversammlung. In dieser Generalversammlung findet die Ersatzwahl für den Rest der Wahlperiode statt.
11. Wenn ein stellvertretender Curator, dessen Wahlperiode noch nicht abgelaufen ist, zum wirklichen Curator gewählt wird, so ist für den noch nicht abgelaufenen Theil der Wahlperiode desselben sofort ein anderer Stellvertreter zu wählen.
12. Das aufgenommene Protocoll ist der Generalversammlung vorzulesen und von den anwesenden Mitgliedern des Curatoriums und der Direction zu vollziehen,

R. § 58.

Firma und Siegel der Anstalt.

Die Firma der Anstalt ist: Preußische Renten-Versicherungs-Anstalt; das Curatorium führt die Firma: Curatorium der Preußischen Renten-Versicherungs-Anstalt; die Direction führt die Firma: Direction der Preußischen Renten-Versicherungs-Anstalt; die Agenten führen die Firma: Agentur der Preußischen Renten-Versicherungs-Anstalt (Namen des Orts).

Die Siegel enthalten die Inschrift der für die gedachten Behörden angegebenen Firma.

Titel III. I.

Benutzung, Sicherstellung und Aufbewahrung des Vermögens der Anstalt.

§ 59.

Zur sicheren und ordnungsmäßigen Verwaltung des Vermögens der Anstalt wird Folgendes bestimmt:

1. Die Kapitalien der Anstalt müssen a) entweder in solchen III.
Werthpapieren, in welchen Mündelgelder nach § 39 der Vormundschaftsordnung vom 5. Juli 1875 angelegt werden dürfen; b) oder auf sichere Hypotheken oder Grundschuldbriefe zinsbar angelegt werden.

   Eine Hypothek oder Grundschuld ist für sicher zu erachten, wenn sie bei ländlichen Grundstücken innerhalb der ersten zwei Dritttheile des durch ritterschaftliche, landschaftliche oder gerichtliche, nach ritterschaftlichen oder landschaftlichen Grundsätzen aufgenommene Taxe oder durch eine gemäß § 4 des Statuts für das neue brandenburgische Creditinstitut (Gesetzsammlung 1869 S. 1036) geschehene Werthsermittelung festgestellten Beleihungswerths oder innerhalb des fünfzehnfachen Betrages des Grundsteuerreinertrages der Liegenschaft, bei städtischen innerhalb der nach einem unter Genehmigung des Ministers des Innern vom Curatorium zu erlassenden Regulativ festgestellten Beleihungsgrenzen zu stehen kommt. Auf solche Hypotheken und Grundschuldbriefe kann auch ein Lombarddarlehn gegeben werden.

2. Ueber den Ankauf öffentlicher Papiere muß außer dem Cours- I.
zettel in der Regel auch der Abschlußschein des Mäklers oder die Rechnung des Verkäufers beigebracht werden.

3. Die Direction kann die eingehenden Gelder bei der Preußischen II.
Bank, bei der Reichsbank und bei der kur- und neumärkischen ritterschaftlichen Darlehnskasse zinsbar belegen; zu anderweiten Anlegungen bedarf sie der Zustimmung des Curatoriums.

4. Für Lombarddarlehne auf Werthpapiere sind die bei der Reichs- III.
bank in dieser Beziehung geltenden Vorschriften maßgebend.

5. Der Rendant hat außer an Sonn- und Festtagen jeden Tag I.
eine summarische Uebersicht der Einnahmen, Ausgaben und baaren Bestände der Direction vorzulegen.

6. Die der Anstalt zugehörigen öffentlichen, auf jeden Inhaber lautenden Papiere müssen sofort bei der Einlieferung zur Kasse außer Cours gesetzt und dürfen nur von dem Curatorium wieder in Cours gesetzt werden.

7. Die Realisirung von Kapitaldocumenten kann niemals anders, als mit Zustimmung des Curatoriums erfolgen.

Die Direction bedarf jedoch zu Kapitalkündigungen und zu allen Klagen keines Ausweises über die Zustimmung des Curatoriums.

8. Den Agenten ist es gänzlich untersagt, Ausleihungen von Fonds der Anstalt zu machen.

9. Hinsichtlich der Sicherstellung des Kassenlocals gegen Feuersgefahr und äußere Angriffe müssen die für die Königlichen Kassen bestehenden Maßregeln beobachtet werden.

III. 10. Die Stücke der Werthpapiere (§ 59 Ziffer 1a), sowie der Cautionen und die Cautionsinstrumente müssen im Tresor unter drei verschiedenen Schlössern, deren Schlüssel in Händen a) eines der Präsidenten oder des Delegirten des Curatoriums; b) eines Directors und c) des Rendanten sind, verwahrt werden.

Die baaren Bestände (ausschließlich der in den Händen des Rendanten befindlichen Tageskasse), die Coupons, Dividendenscheine und Talons, sowie die Hypothekendocumente sind unter Verschluß der Direction und des Rendanten aufzubewahren.

I. 11. Die gewöhnliche Revision der Kasse und Bücher der Anstalt findet monatlich ein Mal statt. Sie ist von der Direction unter Theilnahme eines vom Präsidenten dazu gewählten Mitgliedes des Curatoriums abzuhalten.

12. Außerordentliche oder unvermuthete Kassenrevisionen müssen wenigstens zwei Mal im Jahre auf Veranlassung des Präsidenten des Curatoriums eintreten, und hat derselbe entweder selbst oder sein Stellvertreter daran Theil zu nehmen.

III.

§ 59a.

Verwaltungskostenfonds.

Der Verwaltungskostenfonds der Anstalt ist allen Mitgliedern der Jahresgesellschaften und allen mittelst einer Renten- oder Kapitalsversicherung nach Titel VII. Betheiligten gemeinschaftlich.

A. Ihm fließen alle Einnahmen zu, deren Verwendung nicht anderweit in dem Statut bestimmt ist, insbesondere:

1. Geschenke und Vermächtnisse gemäß § 39 sub d;
2. alle von den bei der Anstalt eingehenden Zahlungen bis zu

deren statutenmäßigen Verwendung entstehenden Zinsen, sowie die von Zinsen jeder Art eventuell wieder erwachsenden Zinsen;

3. die Zinsen der Kapitalien II. Serie, soweit dieselben nicht zur Zahlung der Zinsen des Reserve- und Sicherheitsfonds Verwendung finden, einschließlich der Zinsen von den ad depositum genommenen Renten und Rückgewährungen (§§ 28, 34, 35);
4. die beim Verkauf oder bei der Ausloosung öffentlicher Papiere gegen den Ankaufswerth sich etwa ergebenden Coursgewinne;
5. die Umschreibegebühren;
6. Der auf den Reservefonds und die Sicherheitsfonds nach Verhältniß der für den Anfang jedes Jahres festgestellten Höhe der Renten- und Deckungskapitalien alljährlich zu vertheilende Zuschuß zu dem Verwaltungskostenfonds. V.
7. der Ertrag der von der Anstalt event. aufzunehmenden Nebengeschäfte (§§ 64, 87). III.
8. Die im § 17a, § 21 Abschn. A, § 24b III für ihn bestimmten Theile der Einlagen, Nachzahlungen, Zinsen und Prämien. V.

B. Die Ausgaben des Verwaltungskostenfonds sind: III.

1. Die laufenden Verwaltungskosten, insbesondere:
   a) die Remunerationen der Präsidenten, des Delegirten und der Revisoren, sowie die Kosten der Staatsaufsicht (§§ 48, 62);
   b) die Besoldungen resp. Remunerationen der Directoren und Beamten, sowie die Pensionen;
   c) die Agenturprovisionen;
   d) die Insertions-, Porto- und Remittirungskosten;
   e) die sächlichen Ausgaben.
2. die beim Verkauf öffentlicher Werthpapiere (§ 59 Ziffer 1a) gegen deren Ankaufswerth sich etwa ergebenden Coursverluste;
3. extraordinäre Ausgaben;
4. alle Verluste an Kapital und Zinsen, welche möglicher Weise die Anstalt treffen, ohne daß Regreß gegen Andere mit Erfolg genommen werden kann.

§ 59b. V.

Feststellung und Vertheilung der Zinsen.

Die zinstragenden Anlagen der Anstalt werden auf den 1. Januar jeden Jahres nach ihren Erträgen in 2 Serien geordnet. Die erste Serie enthält nur Kapitalien, und zwar die bestverzinslichen in demjenigen Betrage, welchen das Rentenkapital aller Jahresgesellschaften und das Deckungskapital der bestehenden Versicherungen zusammen ausmachen.

Die zweite Serie enthält alle weiteren Anlagen in Kapitalien und Grundstücken der Anstalt mit Ausschluß des Geschäftshauses.

Dem gesammten Renten- und Deckungskapital wird für jedes Kalenderjahr an seinem Schlusse der festgestellte durchschnittliche Zinsertrag der Kapitalien I. Serie überwiesen.

Dem Reservefonds der Jahresgesellschaften, dem Spezial-Sicherheitsfonds des Leibrentenfonds der Jahresgesellschaften (§ 24b IV) und dem Sicherheitsfonds der nach Tit. VII bestehenden Versicherungen werden als Zinsen am Schlusse des Jahres 3 Prozent des Bestandes jedes Fonds vom Anfang des Jahres zugewiesen, soweit der durchschnittliche Zinsertrag der Anlagen II. Serie dazu ausreicht.

R. Titel IV.

Rechenschaftsablegung und öffentliche Bekanntmachung der Resultate derselben.

§ 60.

Rechnungsjahr und Abschlüsse.

Das Rechnungsjahr der Anstalt ist das Kalenderjahr (§ 26). Nach dessen Ablauf werden die Bücher für das verflossene Jahr geschlossen, die Abschlüsse, welche eine Uebersicht von der Verwaltung und den Ergebnissen der Anstalt während des abgelaufenen Jahres gewähren müssen, gefertigt, und letztere seitens der Direction dem Curatorium eingereicht.

§ 61.

Revision der Abschlüsse und Bestände.

Nach Eingang der Abschlüsse bei dem Curatorium werden seitens des letzteren der Ministerialcommissarius (§ 42) und die von der Generalversammlung erwählten Commissarien (§ 55) eingeladen, gemeinschaftlich mit dem Curatorium die Bücher der Anstalt, die Conti der Agentschaften, so wie die Documente und Geldbestände nachzusehen.

Ueber den Befund wird von den Anwesenden eine besondere Verhandlung aufgenommen, solcher auf den Büchern der Anstalt selbst bemerkt, und dem Königlichen Ministerium ein Exemplar der Abschlüsse, so wie die Revisionsverhandlung eingereicht.

Gleichzeitig erfolgt die öffentliche Bekanntmachung einer Uebersicht der Jahresabschlüsse durch die im § 35 bestimmten Blätter.

III. § 62.

Revision der Jahresrechnung.

Die Jahresrechnungen der Anstalt werden zunächst seitens der

Direction revidirt und mit der darüber aufgenommenen Verhandlung dem Curatorium eingereicht. Letzteres extrahirt bei dem Minister des Innern einen sachkundigen Rechnungsbeamten behufs vorzunehmender calculatorischer Superrevision der Rechnungen, und nachdem die Verhandlung darüber eingegangen, werden die Rechnungen mit Berücksichtigung der vorgekommenen Erinnerungen unter Theilnahme des Ministerialcommissarius durch die von der Generalversammlung erwählten Revisoren materiell untersucht und monirt.

Die Revisoren haben das Recht, zum Zwecke der Prüfung der Jahresrechnungen die Bücher der Anstalt und die Conti der Agenturen einzusehen. Ueber den Befund erstatten sie dem Curatorium Bericht, welches erforderlichen Falles ein Mitglied deputirt, unter dessen Vorsitz die Monita mit der Direction und den Revisoren erörtert werden.

Das Curatorium ertheilt auf Grund des Berichts und eventuell der vorgedachten Erörterungen mit oder ohne Vorbehalt der Direction Decharge.

Der Bericht der Revisoren nebst den etwa darauf erfolgten Erörterungen wird dem Staatscommissarius zur Kenntnißnahme und Einsendung an den Minister abschriftlich zugestellt.

Titel V. R.

Eigenschaften und Vorrechte der Anstalt.

§ 63.

1. Der Anstalt steht die Eigenschaft einer privilegirten Corporation zu. Ihren Verhandlungen und Ausfertigungen ist die Giltigkeit öffentlicher Urkunden beigelegt.
2. Die Anstalt ist berechtigt, Grundstücke auf ihren Namen zu erwerben, sofern das Bedürfniß oder die Nothwendigkeit dazu eintritt.
3. Sie hat ihr Forum vor dem Königlichen Stadtgerichte zu Berlin.

Titel VI.

Allgemeine Bestimmungen.

§ 64. III.

Statutänderung.

Die Anstalt kann durch Statutänderung ihren Geschäftskreis ausdehnen.

Statutänderungen jeder Art beschließt das Curatorium. Jede Aenderung in Bezug auf den Sitz, den Zweck und die Vertretung der

Anstalt nach Außen hin erfordert landesherrliche Genehmigung. Sonstige Aenderungen bedürfen nur der Genehmigung des Ministers des Innern.

Alle Aenderungen des Statuts sind vor ihrer Ausführung öffentlich bekannt zu machen (§ 65).

§ 65.

Oeffentliche Bekanntmachungen.

Alle öffentlichen Bekanntmachungen müssen wenigstens im Deutschen Reichs- und Preußischen Staatsanzeiger, sowie in der Vossischen und in der Neuen Preußischen Zeitung inserirt werden.

An Stelle der beiden letzteren Zeitungen können vom Curatorium andere Berliner Zeitungen als Publikationsorgane gewählt werden. Eine solche Aenderung ist im Reichs- und Staatsanzeiger bekannt zu machen.

Titel VII.

Bestimmungen für Versicherung von Leibrenten und von Kapitalien auf den Erlebensfall und von Zeitrenten.

§ 66.

Mitglied. Einleger.

a) Mitglieder der Preußischen Renten-Versicherungs-Anstalt werden vom 1. Januar 1878 ab — außer den nach Titel I. eintretenden — diejenigen Personen, auf deren Namen und Leben die Versicherung einer Rente oder eines Kapitals auf den Erlebensfall oder einer Zeitrente nach Maßgabe der folgenden Bestimmungen mit der Anstalt abgeschlossen wird.

b) Jede Person ohne Rücksicht auf Geschlecht, Alter, Stand, Religion, Geburts- und Wohnort im In- und Auslande kann Mitglied werden.

c) Wer auf den Namen einer andern Person eine Einlage macht, bedarf deren Zustimmung nicht, sofern die Versicherung lediglich zu Gunsten dieser anderen Person geschieht. Der Einleger ist in diesem Falle nicht befugt, als solcher Rechte des Mitgliedes auszuüben.

d) Will der Einleger aber zu seinem eigenen oder eines Dritten Vortheil auf das Leben einer anderen Person einen Versicherungsvertrag schließen, so ist dazu die schriftliche Zustimmung der Letzteren erforderlich. In diesem Falle ist der Einleger beziehentlich der Dritte berechtigt, alle Rechte eines Mitgliedes statt jeder anderen Person auszuüben.

§ 67.

Antrag.

Wer eine Einlage zu machen wünscht, muß der Direction oder einem Agenten der Anstalt einen von ihm unterzeichneten Antrag übergeben, in welchem der Vor- und Zuname, Wohnort, Stand, Tag, Jahr und Ort der Geburt desjenigen, auf dessen Namen und Leben die Versicherung abgeschlossen werden soll, sowie die Art der gewünschten Versicherung und der Betrag der beabsichtigten Einlagen genau angegeben sein muß.

Die Zeit der Geburt ist durch Beibringung eines Tauf- oder Geburtsscheines oder durch ein anderes rechtlich genügendes Zeugniß nachzuweisen.

Wenn die Versicherung nicht auf das Leben des Einlegers, sondern auf das einer andern Person abgeschlossen werden soll, so hat der Einleger den Aufnahmeantrag zu unterzeichnen und demselben seinen eigenen Namen, Wohnort und Stand beizufügen.

In dem Antrage ist anzugeben, ob die Versicherung zu Gunsten des Mitgliedes oder zum Vortheil des Einlegers beziehentlich eines Dritten geschehen soll.

Im letzteren Falle ist § 66 sub d zu beachten.

Für solche Einleger, welche einen gesetzlichen Vertreter haben, hat Letzterer den Aufnahmeantrag zu unterzeichnen und demselben seinen eigenen Namen, Wohnort und Stand beizufügen.

§ 68.

Zahlung der Einlage. Aushändigung der Versicherungs-Urkunden.

Ueber die Zahlung von einmaligen sowie der ersten laufenden IV.
Prämien kann rechtsverbindlich für die Anstalt nur von der Direction quittirt werden. Die Bestimmungen über den Ort und die Zeit sowohl der Zahlung der Prämien wie der Aushändigung der Versicherungsurkunden sind mit den sonstigen Versicherungsbedingungen (conf. § 72) festzustellen.

§ 69. III.

Annahme des Antrages.

Ueber die Annahme des Antrages entscheidet die Direction. Sie ist berechtigt, den Antrag ohne Angabe von Gründen abzulehnen. Im Falle der Ablehnung wird das Eingezahlte ohne Zinsen, aber auch ohne Abzug an den Einleger zurückgezahlt.

§ 70.

Zeit der Antragsstellung. Umschreibegebühren.

Anträge auf neue Versicherungen und Umschreibung bestehender

(§ 75d.) können während des ganzen Jahres gestellt werden. Bei jeder Umschreibung ist eine Umschreibegebühr zu entrichten, deren Höhe von der Direction unter Zustimmung des Curatoriums generell festgestellt wird.

§ 71.

Verpflichtung zu weiteren Zahlungen.

Außer der einmaligen Einlage oder den laufenden Prämien, den Umschreibungsgebühren und dem Stempel hat der Interessent keinerlei Zahlung zu leisten.

Nur im Falle des § 85 Alinea 2 darf ein Zuschuß zu Prämien gefordert werden.

§ 72.

Arten und Grundlagen der Versicherungsgeschäfte.

V. Die Anstalt schließt hinfort alle Renten- und Kapital-Versicherungen für den Erlebensfall ab, soweit diese der Wahrscheinlichkeitsrechnung unterworfen werden können. Dabei werden:

1. die dem 3. Nachtrage zum Statut beigefügte Sterblichkeitstafel, deren Abänderung nur auf dem im § 64 bezeichneten Wege erfolgen kann, und
2. ein Zinsfuß zu Grunde gelegt, welcher
   a) für die bis zum 31. Dezember 1888 beantragten Versicherungen 4 Prozent,
   b) für die vom 1. Januar 1889 ab beantragten Versicherungen aber $3^1/_2$ Prozent beträgt.

Die bis zum 31. Dezember 1888 beantragten Versicherungen bilden die Abtheilung A, die vom 1. Januar 1889 ab beantragten dagegen die Abtheilung B der Versicherungen.

III. Demgemäß werden insbesondere folgende Versicherungsarten aufgenommen:

1. In vorausbestimmten Beträgen steigende Leibrenten;
2. sofort beginnende Leibrenten in gleich bleibenden Beträgen;
3. aufgeschobene Leibrenten in gleich bleibenden Beträgen;
4. sofort beginnende abgekürzte Leibrenten in gleich bleibenden Beträgen;
5. aufgeschobene abgekürzte Leibrenten in gleich bleibenden Beträgen;
6. Kapitalversicherungen auf den Erlebensfall, wobei der Versicherte, wenn er einen vorausbestimmten Zeitpunkt erlebt, nach seiner Wahl entweder das versicherte Kapital erhalten oder zur Erwerbung einer Rente oder zu weiteren Kapitalsversicherungen verwenden kann.

Die Aufnahme anderer Versicherungsarten innerhalb des Rahmens des ersten Alinea dieses Paragraphen, die einzelnen Tarife, Bestimmungen über Zahlung der Prämien, Ausgabe von Coupons, Umschreibung von Versicherungen, Rückgewähr und sonstige Versicherungsbedingungen werden von dem Curatorium festgestellt.

Die Versicherung fester Renten auf bestimmte Zeit ist vom 1. Januar 1889 ab nicht mehr zulässig. V.

§ 73.

Maximalversicherung.

Eine Versicherung von Rente oder Kapital ist zulässig, soweit aus ihr und den schon vorher von der Anstalt abgeschlossenen, von dem Leben desselben Mitgliedes abhängigen Versicherungen in je 10 beliebigen auf einander folgenden Kalenderjahren zusammen nie mehr als 80000 Mark an Rente und Kapital fällig werden können.

Hierbei werden steigende Renten mit ihrem höchsten Jahresbetrage und bei Versicherungen auf verbundene Leben die versicherten Summen bei jeder Person in Ansatz gebracht.

Versicherungen über höhere Beträge dürfen nur nach spezieller Zustimmung des Curatoriums von der Direction abgeschlossen werden.

§ 74. III.

Versicherungsurkunden.

Jedem Einleger wird eine Versicherungsurkunde (§ 68) zugestellt, in welcher der Vor- und Zuname, der Geburtstag, der Stand und Wohnort des Mitgliedes, die Art der Versicherung, die eingezahlte Summe oder die zu entrichtende Prämie und deren Fälligkeit enthalten sein sollen.

§ 75.

Zahlungsbedingungen.

Die von der Anstalt versprochenen Zahlungen aus Versicherungsverträgen erfolgen nach Eintritt des Fälligkeitstermins und zwar die Zahlung:

a) der Rente an den Präsentanten des Coupons, welcher mit einem Lebenszeugniß versehen ist;
b) des versicherten Kapitals an diejenige Person, welche die Versicherungsurkunde, ein Zeugniß über das Leben des Mitgliedes und betreffenden Falls die letzte Prämienquittung vorzeigt;
c) der Rückgewähr an diejenige Person, welche die Versicherungsurkunde, betreffenden Falls mit den zugehörigen Coupons, und den Todtenschein des Mitgliedes vorlegt;

4*

d) zur Bewirkung der Umwandlung einer Versicherung in eine andere, ferner zur Bewirkung der Abfindung (§ 77) und zum Bezug der Abfindungssumme ist derjenige als legitimirt anzusehen, der die ursprüngliche Versicherungsurkunde, ein Zeugniß über das Leben des Mitgliedes und betreffenden Falls die letzte Prämienquittung übergiebt.

In allen Fällen ist jedoch die Direction und in deren Auftrag jeder Agent berechtigt, die Legitimation zu prüfen.

Das Lebensattest muß stets von einer öffentlichen Behörde oder von einem öffentlichen Beamten, welcher ein Dienstsiegel führt, unter Beidrückung des letzteren ausgestellt sein und nachweisen, daß das Mitglied den Tag erlebt hat, von dessen Erleben die Fälligkeit der Rente beziehentlich des Kapitals abhängig ist.

In einzelnen Fällen kann die Direction von der Beibringung eines amtlichen Lebenszeugnisses (a., b., d.) dispensiren. Bei Versicherung fester Zeitrenten ist kein Lebenszeugniß erforderlich.

§ 76.

Unzulässigkeit der Uebertragung auf das Leben eines Anderen.

Eine Uebertragung der durch Einlagen erworbenen Rechte auf das Leben einer anderen Person findet unter keinen Umständen statt.

§ 77.

Unwiderruflichkeit der Einlagen. Auswanderung.

Alle Einlagen sind unwiderruflich. Nur wenn ein Mitglied seinen Wohnsitz außerhalb Europas verlegt, kann dem Besitzer der auf das Leben desselben ausgestellten Versicherungsurkunden gegen Verzicht auf alle Rechte aus denselben und Rückgabe der Urkunden eine nach den Verhältnissen festzusetzende Abfindung, welche jedoch 75 Procent des zeitigen Deckungskapitals nicht übersteigen darf, von der Direction gewährt werden.

§ 78.

Verfall der Zahlungen.

Jede von der Anstalt zugesicherte Leistung an Renten und Dividenden verfällt mit Ablauf von 4 Jahren nach dem auf den Termin ihrer Fälligkeit folgenden 31. Dezember.

Der Anspruch auf Rückgewähr erlischt, wenn er nicht binnen 4 Jahren vom Tage des Todes des betreffenden Mitgliedes ab bei der Direction geltend gemacht oder wenn die Rückgewähr nicht binnen Jahresfrist nach Bewilligung der Zahlung abgehoben ist.

Alle sonstigen Ansprüche aus Versicherungsverträgen können nur während 10 Jahren nach ihrer Fälligkeit geltend gemacht werden.

Wenn nach den zu Berlin geltenden Gesetzen für eine der vorstehend bezeichneten Forderungen kürzere Verjährungsfristen eintreten, so sind die letzteren maßgebend.

§ 79.

Verlängerung der Fristen.

Wenn eine fällige Leistung innerhalb der in § 78 bezeichneten Fristen zwar gefordert ist, aber die erforderlichen Documente nicht vorgelegt werden, so kann die Direction, falls das Fehlen der Documente entschuldbar erscheint, auf desfallsigen Antrag die Fristen des § 78 verlängern oder nach Ablauf derselben ohne Beibringung der Documente zahlen.

§ 80.

Verfall des Deckungskapitals.

Wenn die fälligen Renten einer Einlage während zehn auf einander folgender Jahre nicht erhoben sind, so werden die Interessenten unter Angabe des Namens des betreffenden Mitgliedes und der Nummer der Einlage durch einen in den Anstaltsblättern (§ 65) zu publizirenden Aufruf aufgefordert, ihre Rechte geltend zu machen.

Erfolgt die Erhebung der fälligen Renten nicht innerhalb eines Jahres von der ersten Publikation des Aufrufs an, so erlöschen alle Ansprüche aus der betreffenden Einlage und das Deckungskapital verfällt zu Gunsten der Anstalt.

Dies wird durch ein Resolut der Direction nach Ablauf der Frist festgestellt.

Wird jedoch vor Abfassung des Resoluts das Leben des betreffenden Mitgliedes von diesem selbst oder von einem anderen Interessenten der Direction nachgewiesen, wenn auch ohne Vorlegung der Versicherungsdocumente, so kann die Direction die Frist für die Verfallenerklärung verlängern.

§ 81.

V.

Berechnung der Deckungskapitalien.

Alljährlich wird eine Berechnung der Deckungskapitalien für alle nach diesem Titel abgeschlossenen Versicherungen aufgestellt. Maßgebend für die Berechnung sind die Sterblichkeitstafel und der Zinsfuß, welche den Versicherungen bei ihrem Abschlusse zum Grunde gelegt sind.

§ 82.

Sicherheitsfonds.

Außer dem Deckungskapital ist für jede Abtheilung der nach diesem Titel abgeschlossenen Versicherungen (§ 72) ein Sicherheitsfonds (A und B) zu bilden. Der für Ende 1888 festgestellte Bestand des Sicherheitsfonds bleibt der Abtheilung A vorbehalten und fällt der Abtheilung B erst nach dem Erlöschen aller zur Abtheilung A gehörenden Versicherungen zu, soweit er dann noch vorhanden ist.

I. Die Einnahmen jedes Sicherheitsfonds sind:

1. der über den, nach den §§ 73 und 81 maßgebenden Zinsfuß hinausgehende Zinsertrag (§ 59 b) des entsprechenden Deckungskapitalienfonds;
2. die in der betreffenden Abtheilung verfallenen Renten, Dividenden, Rückgewährbeträge, Abfindungen und Kapitalien;
3. seine eigenen Zinsen;
4. der in den Kapitalseinlagen und Prämien nach Titel VII enthaltene Zuschlag für Verwaltungskosten;
5. die Ueberschüsse des entsprechenden Deckungskapitalienfonds.

II. Seine Ausgaben sind:

1. der eventuell erforderliche Zuschuß zur Ergänzung des Deckungskapitals der Versicherungen seiner Abtheilung;
2. die am Schlusse des Jahres an den Verwaltungskostenfonds abzugebende Hälfte des nach I 4 für den Sicherheitsfonds B vereinnahmten Zuschlags für Verwaltungskosten;
3. die erforderlichen Zuschüsse zum Verwaltungskostenfonds (§ 59 a) und
4. die in seiner Abtheilung als Dividende zu vertheilenden Beträge.

§ 83.

Dividenden.

Wenn ein Sicherheitsfonds am Schlusse eines Rechnungsjahres mehr als 4 Prozent des betreffenden Deckungskapitals beträgt, so kann der Mehrbetrag nach dem Ermessen des Curatoriums ganz oder theilweise als Dividende für das abgelaufene Rechnungsjahr vertheilt werden.

§ 84.

Maßstab für die Vertheilung der Dividende, ihre Bekanntmachung und Zahlung.

Die Dividende für das abgelaufene Rechnungsjahr gebührt den am Schlusse desselben seit mindestens 3 Jahren bestehenden Versicherungen derjenigen Abtheilung, deren Sicherheitsfonds die Dividende liefert.

Den Maßstab für ihre Vertheilung bilden die Summen derjenigen auf die betreffenden Versicherungen gezahlten Prämien, deren Fälligkeitstermine mindestens 3 Jahre zurückliegen.

Von diesen für die einzelnen Versicherungen sich ergebenden Prämiensummen werden aber nur die Beträge von je vollen 10 Mark berücksichtigt.

Die Höhe der auf je 10 Mark dieser Summe entfallenden Dividende eines Rechnungsjahres wird im folgenden Jahre bekannt gemacht. Ihre Zahlung erfolgt nach Maßgabe der Versicherungsbedingungen.

Weiter gehende Rechte betreffs der Versicherungen der Abtheilung A aus dem früheren § 84 der Statuten werden durch vorstehende Bestimmung nicht berührt.

§ 85.

Kürzung der Rente. Erhöhung der Prämien.

Wenn der Sicherheitsfonds einer Abtheilung zur Deckung der aus ihm zu entnehmenden Ausgaben nicht ausreicht, so ist der Ausfall auf das Deckungskapital derselben Abtheilung umzulegen und davon abzuschreiben.

Beruht dieser Ausfall auf einer voraussichtlich dauernden Differenz zwischen dem thatsächlichen Zinsertrag und der wirklichen Sterblichkeit der Versicherten einerseits und den in § 72 bezeichneten Grundlagen der Tarife andererseits, so ist auf die Abänderung der Tarife, so weit als nöthig, Bedacht zu nehmen, und es bleibt für solche Fälle vorbehalten, auch für die bestehenden Versicherungsverträge im Wege der Statutenänderung festzusetzen, in welcher Art die der Anstalt obliegenden Leistungen herabzusetzen resp. die fällig werdenden Prämien zu erhöhen sind.

§ 86. III.

Ausschließung von der Anstalt. Verlorene Documente.

Die §§ 36 Alinea 1 bis 3 und 37 Titel I. gelten auch bezüglich der Versicherungen, welche nach Titel VII. abgeschlossen sind.

Titel VIII.

Sparkasse.

§ 87.

Die Anstalt errichtet eine öffentliche Sparkasse, für welche ein besonderes Reglement vom Curatorium unter Bestätigung des Ministers des Innern erlassen werden soll.

Sterblichkeits-Tafel.

Alter.	Lebende.	Alter.	Lebende.	Alter.	Lebende.	Alter.	Lebende.
0	100,000	25	79,196	50	62,317	75	26,169
1	93,496	26	78,561	51	61,513	76	24,000
2	91,782	27	77,925	52	60,679	77	21,834
3	90,360	28	77,297	53	59,825	78	19,675
4	89,157	29	76,675	54	58,956	79	17,536
5	88,147	30	76,058	55	58,070	80	15,442
6	87,302	31	75,440	56	57,153	81	13,412
7	86,606	32	74,812	57	56,219	82	11,475
8	86,049	33	74,171	58	55,238	83	9,655
9	85,620	34	73,516	59	54,174	84	7,964
10	85,302	35	72,849	60	53,010	85	6,422
11	85,093	36	72,172	61	51,754	86	5,049
12	84,926	37	71,488	62	50,413	87	3,880
13	84,739	38	70,800	63	48,996	88	2,926
14	84,524	39	70,109	64	47,502	89	2,168
15	84,266	40	69,416	65	45,929	90	1,583
16	83,943	41	68,721	66	44,265	91	1,137
17	83,561	42	68,025	67	42,506	92	801
18	83,128	43	67,330	68	40,656	93	553
19	82,652	44	66,638	69	38,727	94	372
20	82,140	45	65,945	70	36,734	95	244
21	81,597	46	65,249	71	34,684	96	155
22	81,027	47	64,546	72	32,595	97	95
23	80,435	48	63,827	73	30,477	98	53
24	79,824	49	63,086	74	28,334	99	26
						100	11

Preußische Renten-Versicherungs-Anstalt.

Versicherung unbestimmt steigender Renten (Jahresgesellschaften), Versicherung fester Leibrenten.

Berlin W. 41.

Kaiserhofstr. 2.

Versicherung von Kapitalien auf den Erlebensfall (Aussteuerversicherung), öffentliche Sparkasse.

Die **Preußische Renten-Versicherungs-Anstalt**, gegründet 1838, steht unter der besonderen Aufsicht des Staates. Der Präsident und der Vizepräsident des Kuratoriums werden von 3 zu 3 Jahren von Sr. Majestät dem Könige ernannt. Die übrigen 6 Mitglieder des Kuratoriums, sowie deren Stellvertreter werden von der Generalversammlung gewählt. Die Direktoren werden vom Kuratorium gewählt; ihre Wahl bedarf der Bestätigung seitens des Ministers des Innern. Die durch diese Organisation gewährleistete Solidität der Verwaltung und der große Versicherungsbestand der Anstalt bieten den Mitgliedern eine außerordentliche Sicherheit.

Zahl der Mitglieder (Versicherten) cirka 75000.

Gesammtvermögen über 75 Millionen Mark.

Prospekt 2.

Versicherung fester Leibrenten.

Nähere **Auskunft**, sowie die Statuten, Versicherungsbedingungen und sonstigen Drucksachen, **insbesondere auch** die Prospekte über die anderen oben angegebenen Geschäftszweige der Anstalt sind zu erhalten durch **die Direktion**, Berlin W. 41, Kaiserhofstr. 2, und sämmtliche **auf** den folgenden Seiten dieses Umschlages verzeichneten **Agenturen**, welche **auch** zu jeder mündlichen Auskunft bereit sind.

Agentur-Verzeichniß.

Aachen, Gustav Wirth, General-Agent.
Alfeld, A. Bracke jun., Agent.
Altona, Herm. Lorenzen, Buchhändler.
Anclam, Fritz Krüger, Buchhändler.
Andernach, Winand Sturplin, Kaufm.
Angerburg, Herm. Cohn (Firma: Simon Cohn), Kaufm.
Annaberg (Erzgebirge), Herm. Heinicke, Kaufm.
Arnstadt, H. Oehler, Kaufm.
Artern, Theodor Poppe, Kaufm.
Aschersleben, Friedr. Keltz, Buchhändler.
Aurich, A. F. Begemann, Kaufm.
Bartenstein (Ostpreußen), Emil Kleiß, Kaufm.
Bautzen, W. Jacob, Kaufm.
Beckum, B. Koberg, Uhrmacher.
Bentheim, J. D. Niehaus, Kämmerer.
Berlin, H. Redslob, Generalagent, Schloßplatz 11.
Bernburg, G. Teichmüller, Kaufm.
Beuthen (Oberschlesien) Hermann Stadahl, Waisenvater.
Bielefeld, Potthoff & Castanien, General-Agenten.
Billerbeck, Ludwig Sirvetmann, Kaufm.
Bischofswerda, A. Lützenberg Nachf., Kaufm.
Bitterfeld, Herm. Schmiedt, Getreidehändler.
Blankenburg (Harz), W. Bösche, Lehrer.
Blankenese, L. Steinwender, Postmeister a. D.
Bocholt, H. te Laake, Kanzlist.
Bolkenhain, W. Wächter, Buchhändler.
Bonn, Gebr. Schmelz, Kaufleute.
Bornheim, Heinrich am Zehnhoff, Agent.
Brandenburg (Havel), H. Pintus, Kaufm.
Braunsberg (Ostpreußen), Frau Toni Steinchen geb. Thiel (Firma: Oskar Steinchen), Kaufm.
Braunschweig, Lehmann Oppenheimer & Sohn, Bankiers.
Bremen, G. Wilmsen, Kaufm.
Bremervörde, Wilh. Hudtwalker, Kaufm.
Breslau, Carl Linnicke, Kaufm.
Brieg, C. Matzdorf jun., Kaufm.
Bromberg, A. Jahnke, Kaufm.
Bützow, H. Klemm, Kaufm.
Buk, Max Buch, Kaufm.
Bunzlau (Schlesien), R. Schuller, Bankier.
Burg auf Fehmarn, Chr. Lafrenz, Kaufm.
Burg (Bezirk Magdeburg), C. Friedrich, Kaufm.
Buxtehude, C. H. Richter jun., Kaufm.
Calbe (Saale), Carl Nicolaus, Kaufm.
Camenz (Sachsen), A. Reißmann, Uhrmacher.
Cammin, A. Heineke, Kaufm.
Cassel, Damms & Elreit, Bankiers.
Celle, Ad. Nüsse, Kaufm.
Charlottenburg (bei Berlin), W. Mattischat, Kaufm.
Chemnitz, Hermann Eger, Kaufm.
Clausthal, Arthur Brauns, Buchhändler.
Cleve, F. Char, Buchhändler.
Coblenz, Gustav Lorenz, Kaufm. und Lotterie-Einnehmer.
Coburg, G. Jang, Kaufm.
Cölleda, Krauth, Rendant zu Schloß Beichlingen.
Cöln (Rhein), Ad. Mirgel, Kaufm.
Cönnern, F. Hilgenfeldt, Buchhändler.
Coesfeld, Franz Entrup, Stadtsekretär.
Cöslin, F. Stein, Stadtrath.
Cöthen, August Petzold, Kaufm.
Colberg, Carl Lehment, Kaufm. u. Lotterie-Einnehmer.
Cosel, Wilhelm Worbs (Firma: J. G. Worbs), Kaufm.
Cottbus, C. F. Arnecke, Kaufm. u. Lotterie-Einnehmer.
Crefeld, Müller-Coutelle, Kaufm.
Crimmitzschau, Reinh. Dietrich, Kaufm.
Crossen (Oder), J. C. Sauermann, Kaufm.
Cüstrin, C. & J. Fahndrich, Kaufleute.
Cuxhaven, C. L. Jäger, Kaufm.
Dannenberg, O. Jessel, Kaufm.
Danzig, P. Pape, Kaufm.
Delitzsch, Heinr. Starkloff (Firma: Starkloff & Rathmann), Kaufm.
Demmin, Johannes Witt, Kaufm.
Dessau, Fr. Mohr, Kaufm.
Detmold, Fr. Burghard, Kaufm.
Diepholz, Eduard Müller, Kaufm.
Dinslaken, Chr. Herrmann, Kaufm.
Doberan, O. Redelstorff, Kaufm.
Dortmund, Th. Lierfeld, General-Agent.
Dresden, Franz Dreschke, Kaufm.
Duderstadt, H. J. Gebhardt, Kaufm.
Dülken, Heinr. Görtz (Firma: Pelters & Görtz), Kaufm.
Dülmen, F. Simons, Kaufm.
Düsseldorf, A. Steinfeld, General-Agent.
Duisburg, H. Schulte, Kaufm.
Eberswalde, W. Ringewaldt, Kaufm.
Eckartsberga, Carl Krause, Apotheker.
Egeln, W. Bärwald, Dachdeckermeister.
Eilenburg, Paul Irmisch, Kaufm.
Einbeck, Frdr. Mithoff, Kaufm.
Eisenach, H. Buddensieg (Firma: J. G. Brandt sen.), Kaufm.
Eisleben, G. Eschenhagen, Stadtrath a. D.
Elberfeld, H. v. Götzen, Lotterie-Einnehmer.
Elbing, Albert Reimer, Stadtrath, Kaufm.
Emden, P. van Rensen, Sekretär.
Erfurt, Gärtner & Müller, Kaufleute.
Essen (Ruhr), Herz A. Hirschland, Kaufm.
Eutin, Egbert Evers, Rendant.
Flensburg, Holm & Molzen, Kaufl.
Forst (Lausitz) R. Albrecht, Dr. med.
Frankenhausen, Wilh. Herrmann, Kaufm.
Frankenstein (Schlesien), Carl Reichel, Kaufm.
Frankfurt (Main), Chr. E. Derschow, General-Agent.
Frankfurt (Oder), E. Nowka, Kaufm.
Freiberg (Sachsen), Oscar Emmerling, Referendar a. D.
Freienwalde (Oder), Rud. Luvke, Kaufm.
Freystadt (Schlesien), Julius Krafft, Kaufm.
Friedland (Mecklenburg), A. Kurth, Kommissionsrath, Kaufm.
Friesack, Julius Lorentz (Firma: J. C. Lorentz), Kaufm.
Gandersheim, G. Schiller, Rentner.
Gardelegen, Otto Zersch (Firma: Carl Zersch), Kaufm.
Geldern, C. F. Weber, Kaufm.
Genthin, Ed. Ulrich, Kaufm.
Gera, Weller & Nebel, Kaufleute.
Gladbach-M., Herm. Hohf, Kaufm.
Glatz, Ernst Müller, Kaufm.
Glauchau, Hugo Schmidt (Firma: Ernst Weiß Nachf.), Kaufm.
Glogau, C. W. Handke, Kaufm.
Gnesen, Carl Richter, Hauptm. a. D.
Görlitz, Oscar Gottwald, Kaufm.
Göttingen, A. J. Bruns, Kaufm.
Goldberg, (Schlesien), Arthur Günther (Firma: P. F. Günther), Bankier.
Goslar, D. Grimme & Comp., Kaufl.
Gotha, E. F. Thienemann, Hof-Buchhändler
Grabow (Mecklenburg), Carl Ernst Harnisch, Sparkassengegenschreiber.
Graudenz, W. Heitmann, Stadtrath, Kaufm.

I.

Sofort beginnende, gleichbleibende Renten (Tarife A und C).

„Alle gewerblichen und industriellen Kreise werden mehr oder weniger vom Sinken des Zinsfußes berührt, am unangenehmsten aber wird Derjenige betroffen, der sich ein kleines Vermögen ersparte und von den Zinsen desselben leben will. Hat er sein Geld hypothekarisch festgelegt, so wird ihm die Hypothek bei erster Gelegenheit gekündigt, sofern er sich nicht mit einem geringeren Zinsfuße einverstanden erklärt. Hat er Kapital in Staatspapieren angelegt, so muß er in fortwährender Angst leben vor einer Konvertirung in minderprozentige Papiere. Was Wunder, wenn sich da der Kapitalist nach anderen Objekten umsieht, in denen er sein Geld vortheilhafter anlegen kann, was Wunder auch, wenn er da gar manchen Fehlgriff thut und statt der erhofften Vortheile Verluste zu verzeichnen hat! „Dabei kann Einem das Vergnügen vergehen, Kapitalien zu verwalten!“ mag Mancher seufzen, wird aber ruhig seine Sorgen weiter tragen, ohne daran zu denken, daß er mit einem Male derselben los und ledig werden kann, wenn er sein Geld einer Rentenversicherung anvertraut, die ihm nun Jahr für Jahr, ganz abgesehen vom Hin- und Herschwanken des Zinsfußes, eine vorher fest bestimmte Rente auszahlt und für die pünktliche Erfüllung ihrer Verpflichtungen mit nach Millionen zählenden Kapitalien haftet.“

„Setzen wir einmal den Fall, ein Mann habe sich ausgerechnet, mit so und so viel jährlichen Zinsen kannst du anständig auskommen, und wenn du einmal soviel erworben haben wirst, daß die jährlichen Zinsen diesen Betrag erreichen, so setzest du dich zur Ruhe. Natürlich rechnet der Mann mit dem üblichen Zinsfuß, eher etwas zu hoch als zu niedrig, und nehmen wir einmal an, das Ziel seiner Wünsche wären 3000 *M* jährlicher Zinsen gewesen, so brauchte er bei vierprozentiger Verzinsung ein Kapital von 75 000 *M* Herr R. hat also seine Ersparnisse in vierprozentigen Staatspapieren angelegt, hat sich das ins Auge gefaßte Vermögen von 75 000 *M* erworben, setzt sich nun zur Ruhe und bezieht alljährlich 3000 *M* Zinsen. Da auf einmal wandelt der Staat seine vierprozentigen Papiere in dreieinhalbprozentige um, und anstatt 3000 *M* bezieht unser Rentner nur noch 2625 *M* Der Ausfall an Einnahmen wird ihn sehr schmerzlich berühren und mit Sorgen wird er daran denken, was daraus werden soll, wenn der Zinsfuß noch weiter sinkt. Dreiprozentige Papiere werden ihm als Schreckbild vorschweben, er wird mit Sorge der Zeit gedenken, da er vielleicht einmal genöthigt sein wird, das Kapital anzugreifen, kurz, mit der Ruhe auf die alten Tage ist es vorbei."

„Nun nehmen wir einmal an, besagter Herr wäre „62½" Jahre alt, und setzen wir die Rente auf rund 10 pCt. der Einzahlung. Herr N. würde sich dann, um 3000 ℳ jährliche Rente zu beziehen, mit 30 000 ℳ einkaufen. Diese 30 000 ℳ sind freilich verloren, aber erstens hat der Versicherte sich bis an sein Lebensende ein jährliches Einkommen von 3000 ℳ gesichert, und zweitens wachsen die übrigen 45 000 ℳ durch verzinsliche Anlagen selbst wieder an, so daß Herr N. (bei dreieinhalbprozentiger Verzinsung), wenn er noch 15 Jahre lebt, die Freude haben wird, sein verfügbares Baarvermögen wieder auf 75 000 ℳ angewachsen zu sehen und nebenher auch noch seine 3000 ℳ jährliche Rente zu beziehen."

„Der Fall kann aber auch so liegen, daß der betreffende Herr Kinder hat, Töchter, die Aussteuer gebrauchen, Söhne, die sich etabliren wollen, und denen zu diesem Zwecke 10 000 ℳ sofort von größerem Werthe sind, als das Doppelte nach dem Tode ihres Vaters. Diese würden ganz gewiß damit einverstanden sein, wenn sich der Vater für 30 000 ℳ eine Rente kauft, und noch einige Tausend Mark zur Verfügung behält und ihnen von dem Reste ihren Antheil zur Verfügung stellt. Müßte es einen Vater nicht mit ganz anderen Gefühlen erfüllen, seine Kinder glücklich und selbstständig zu sehen, zu gewahren, wie sein Vermögen in den Händen arbeitsfähiger und -freudiger Kräfte sich zusehends vermehrt, als wenn er, ängstlich auf dem Geldsack sitzend, sehen muß, wie seine Söhne in abhängigen Stellungen für Andere die Kräfte einsetzen, die sie für sich viel besser verwerthen würden, wenn er selbst sich dazu entschließen könnte, das Vernünftige anstatt des Althergebrachten zu thun? Wie viel freudige Schaffenskraft geht verloren, einfach deshalb, weil ihr ein kleines Kapital fehlte, sich zu bethätigen, und wie viele Väter könnten ihren Söhnen und Schwiegersöhnen ein solches schaffen, wenn sie einen Theil ihres Vermögens in einer Rentenversicherung anlegen würden."

Wenn die Rentenversicherung nach dieser Schilderung, die wir in einem Leitartikel des „Berliner Tageblatts" finden, für Personen mit einem Vermögen, das man schon nicht mehr gut zu den kleineren rechnen kann, von Nutzen ist, so ist sie dies in noch viel höherem Grade für kleinere Kapitalisten, denen jede Erhöhung ihres Einkommens doppelt erwünscht, jeder, bei der eigenen Verwaltung oft unvermeidbare, Zinsausfall oder Kapitalverlust doppelt fühlbar sein muß. Und doch, wie groß ist noch die Zahl solcher kleinen Rentner, pensionirten Beamten, alleinstehenden Wittwen und älteren Fräulein, die, obwohl sie für Niemand nach ihrem Tode zu sorgen haben, sich mühsam mit einem geringen Zinsgenuß behelfen, ohne zu wissen, daß sie durch eine Rentenversicherung ihr Einkommen vielleicht verdoppeln oder verdreifachen und sich einen sorgenfreien Lebensabend verschaffen können.

Ihnen allen sei die Rentenversicherung aufs Wärmste empfohlen, nicht minder aber auch denen, die für Andere sorgen, ihrer Angehörigen Zukunft gegen mancherlei Wechselfälle des Lebens nach Kräften sicherstellen wollen. Mancher Ehegatte, mancher Vater wird mit Sorge daran denken, wie er selbst vielleicht bald die Augen schließen, die Seinen ohne Berather zurücklassen muß, wie dann das kleine, sauer erworbene Vermögen in den unerfahrenen Händen der Wittwe, der Tochter durch Verluste vermindert wird, schließlich zum Lebensunterhalt der Seinen nicht mehr ausreicht und diese selbst in Kummer und Noth gerathen. Gar Mancher wird sich in ähnlicher Weise um einen anderen Verwandten, einen alten treuen Diener u. s. w. sorgen und andererseits Bedenken tragen, seinen Erben ein Kapital von der Höhe zu entziehen, daß die bloßen Zinsen zur Versorgung des Betreffenden ausreichen. In all diesen Fällen gewährt die Rentenversicherung den bequemsten, billigsten und sichersten Ausweg, sei es in der Weise, daß man für seinen Todesfall anordnet, daß für die Person, die man versorgen will, eine Rente gekauft wird, sei es in der Weise, daß man die Rente sogleich selbst versichert.

Im letzteren Falle wird es sich meistens empfehlen, die eigene Versicherung mit der des zu Versorgenden zu verbinden und die Rente demnach zugleich auf das eigene Leben und das des zu Versorgenden zu stellen, so daß man sie während der eigenen Lebenszeit selbst bezieht, während sie später auf die Wittwe, Tochter, Schwester u. s. w. übergeht.

So kann z. B. ein 65jähriger Mann auf sein und seiner 60jährigen Frau Leben eine Rente von 7,6% versichern, welche so lange gezahlt wird, als er oder die Frau am Leben ist. Besitzt er beispielsweise 30 000 ℳ, so geben ihm diese bei 4%iger Verzinsung 1200 ℳ, bei 3½%iger gar nur 1050 ℳ Zinsen jährlich: verwendet er dagegen 26 240 ℳ zur Einzahlung für die gedachte gemeinschaftliche Rente, so behält er zunächst noch mehr als 3000 ℳ vom Kapital übrig, und erhält außerdem zeitlebens jährlich 2000 ℳ Rente, die nach seinem Tode unverkürzt an die Frau weitergezahlt werden. Da Einer weniger zum Lebensunterhalt gebraucht als Zwei, so ist es unter Umständen angemessener, die Rente so zu stellen, daß sie beim Tode des Zuerststerbenden sich um einen gewissen Bruchtheil, z. B. um ein Viertel, vermindert. In diesem Falle könnte das erwähnte Ehepaar für 27 876 ℳ eine Rente versichern, welche so lange, als beide Theile leben, 2100 ℳ, nach des Einen Tode aber für den überlebenden Theil 1800 ℳ jährlich beträgt: selbst der letztere Betrag würde noch erheblich die bloßen Zinsen übersteigen.

Den erwähnten verschiedenen Beispielen liegen die nachfolgenden Tarife A und C der **Preußischen Renten-Versicherungs-Anstalt** zu Grunde, von denen der erstere für die Versicherung einzelner, der letztere für die Versicherung je zweier Personen bestimmt ist. Der Kaufpreis (Prämie, Einlage) für die Renten ist je nach dem Alter beim Beginn der Versicherung verschieden und um so niedriger (die Rente daher bei gleichem Kaufgeld um so hoher) je älter die zu versichernde Person bezw. die zu versichernden Personen sind. So hat ein 50jähriger für eine jährliche Rente von 100 ℳ nach Tarif A 1479 ℳ, ein 60jähriger aber nur 1107 ℳ zu zahlen.

Ein Geschwisterpaar, welches eine Rente von 1000 ℳ nach Tarif C versichern will, und von dem der eine Theil 50, der andere 55 Jahre alt ist, zahlt 17 090 ℳ, ein anderes, welches im Alter von 57 bezw. 60 Jahren steht, zahlt dagegen für dieselbe Rente nur 14 720 ℳ.

Die oben erwähnte Versicherung für das Ehepaar, von dem der Mann 65, die Frau 60 Jahre alt ist, und wo die Rente, so lange beide leben, 2100 ℳ, später nur 1800 ℳ betragen soll, wird durch die Combination zweier Versicherungen nach Tarif A und einer Versicherung nach Tarif C erreicht. Es wird nämlich versichert eine Rente von jährlich:

1.	600 M.	für den Mann	nach	Tarif A	für	5 490	M.
2.	600 "	für die Frau	"	" "	"	6 642	"
3.	1200 "	für beide	"	" C	"	15 744	"
				Der Gesammtpreis ist:		27 876	M.

Die drei Versicherungen geben, so lange sie alle drei bestehen, d. h. so lange Mann und Frau leben, zusammen 2400 M. jährlich. Beim Tode des Zuerststerbenden erlischt dessen Versicherung nach Tarif A, während die Versicherung des Ueberlebenden nach demselben Tarif, sowie die Versicherung nach Tarif C bis zum Tode desselben weiter bestehen und zusammen 1800 M. Rente liefern.

Die Combination nur **einer** Versicherung nach Tarif A mit einer Versicherung nach Tarif C empfiehlt sich dagegen im folgenden Falle:

Eine 66jährige Dame kann auf ihr eigenes Leben eine Rente von jährlich 2000 M. nach Tarif A für 17 540 M. versichern; sie möchte aber auch ihre z. Z. 59jährige Haushälterin für den Fall, daß diese sie überlebt, mit einer jährlichen Rente von 300 M. bedenken. Sie erreicht dies mit der geringen Mehrzahlung von 1338 M. (also mit einer Gesammtprämie von 18 878 M.), indem sie auf ihr Leben allein nach Tarif A eine Rente von 1700 M. (für 14 909 M.) und auf ihr **und** der Haushälterin Leben eine zweite Rente von 300 M. nach Tarif C (für 3969 M.) versichert. Beide Versicherungen geben ihr, so lange sie selbst lebt, unbedingt jährlich 2000 M., stirbt sie aber vor der Haushälterin, so läuft zu deren Gunsten die Versicherung nach Tarif C weiter und gewährt ihr die jährliche Pension von 300 M.

In den sämmtlichen Beispielen ist angenommen, daß die Renten **jährlich** (d. h. jedes Jahr an **einem** bestimmten Termine) fällig werden. Es ist aber auch **halb- oder vierteljährliche Rentenzahlung** zulässig; nur sind dann die Prämien (der Kaufpreis) etwas höher.

Wegen der Fälligkeit und Zahlung der Renten vergl. Abschnitt III und die Versicherungsbedingungen.

Die besonderen Bedingungen des Tarif A sind auf dem **Auszug** abgedruckt, die des Tarif C sind folgende:

Besondere Bedingungen zu Tarif C:

1. Soll die Rente in halb- oder vierteljährlichen Raten fällig werden, so sind die Prämiensätze für die Jahresrente von 100 M. um 26,50 M. bezw. 39,50 M. zu erhöhen.
2. Die jährliche, halbjährliche oder vierteljährliche Rente muß volle Mark und mindestens 10 M. ausmachen.
3. Sobald eines von beiden Mitgliedern stirbt, muß der Anstalt der Tod urkundlich nachgewiesen und die Versicherungsurkunde nebst Coupons zur Umschreibung der letzteren eingereicht werden. Bis dahin ist die Anstalt berechtigt, zur Rentenerhebung die Lebensatteste beider Mitglieder abwechselnd zu fordern.
4. Rückgewähr kann bei diesem Tarif, auch zusätzlich, nicht versichert werden.

Auszug aus Tarif A.

Gleichbleibende, sofort beginnende Rente, welche so lange gezahlt wird, als das Mitglied die Fälligkeitstage erlebt.

Ohne Rückgewähr.

1. Wenn das Mitglied beim Beginn der Versicherung alt ist:	2. so ist zu zahlen: für eine Jahresrente v. 100 ℳ, welche fällig wird a) jährlich mit 100 ℳ	b) halbjährlich mit 50 ℳ	c vierteljährlich mit 25 ℳ	3. und es beträgt andererseits für eine einmalige Prämie (Einlage) von 100 ℳ. die Jahresrente: a) bei jährlichem Rentenbezug	b) bei halbjährlichem Rentenbezug	c bei vierteljährlichem Rentenbezug
	eine einmalige Prämie (Einlage) in Höhe von					
Jahre.	ℳ	ℳ	ℳ	ℳ	ℳ	ℳ
Ueber bis						
34½–35½	1884	1909	1922	5,31	5,23	5,20
35½–36½	1862	1888	1901	5,37	5,29	5,26
36½–37½	1840	1867	1880	5,43	5,35	5,31
37½–38½	1818	1844	1857	5,50	5,42	5,38
38½–39½	1795	1821	1834	5,57	5,49	5,45
39½–40½	1771	1797	1810	5,64	5,56	5,52
40½–41½	1746	1772	1786	5,72	5,64	5,59
41½–42½	1720	1747	1760	5,81	5,72	5,68
42½–43½	1694	1720	1733	5,90	5,81	5,77
43½–44½	1666	1692	1705	6,00	5,91	5,86
44½–45½	1637	1663	1676	6,10	6,01	5,96
45½–46½	1607	1633	1647	6,22	6,12	6,07
46½–47½	1576	1603	1616	6,34	6,23	6,18
47½–48½	1544	1571	1584	6,47	6,36	6,31
48½–49½	1512	1538	1551	6,61	6,50	6,44
49½–50½	1479	1505	1518	6,76	6,64	6,58
50½–51½	1445	1472	1485	6,92	6,79	6,73
51½–52½	1411	1438	1451	7,08	6,95	6,89
52½–53½	1376	1403	1416	7,26	7,12	7,06
53½–54½	1340	1366	1380	7,46	7,32	7,24
54½–55½	1303	1329	1342	7,67	7,52	7,45
55½–56½	1265	1291	1304	7,90	7,74	7,66
56½–57½	1226	1252	1265	8,15	7,98	7,90
57½–58½	1186	1212	1225	8,43	8,25	8,16
58½–59½	1146	1172	1185	8,72	8,53	8,43
59½–60½	1107	1133	1146	9,04	8,82	8,72
60½–61½	1068	1094	1108	9,36	9,14	9,02
61½–62½	1030	1056	1069	9,70	9,47	9,35
62½–63½	991	1017	1031	10,09	9,83	9,69
63½–64½	953	979	992	10,49	10,21	10,08
64½–65½	915	941	954	10,92	10,63	10,48
65½–66½	877	903	916	11,40	11,07	10,91
66½–67½	840	866	879	11,90	11,54	11,37
67½–68½	804	830	843	12,43	12,04	11,86
68½–69½	768	794	807	13,02	12,59	12,39
69½–70½	733	759	772	13,64	13,17	12,95
70½–71½	701	728	741	14,26	13,73	13,49
71½–72½	677	704	718	14,77	[illegible]	[illegible]
72½–73½	656	684	697	15,24	[illegible]	14,34
73½–74½	635	663	677	15,74	15,08	14,77
74½–75½	612	641	666	16,34	[illegible]	15,44
75½–76½	590	[illegible]	[illegible]	[illegible]	[illegible]	[illegible]
76½–77½	[illegible]	[illegible]	[illegible]	[illegible]	[illegible]	[illegible]
77½–78½	543	574	[illegible]	18,41	17,42	[illegible]
78½–79½	520	552	[illegible]	[illegible]	18,11	[illegible]
[illegible] bis	[illegible]	[illegible]	[illegible]	[illegible]	[illegible]	[illegible]

Besondere Bedingungen zu Tarif A.

1. Die jährliche, halbjährliche oder vierteljährliche Rente muß volle Mark und mindestens 10 ℳ betragen.
2. Auf die Versicherung wird Rückgewähr nur gezahlt, wenn und insoweit sie durch Zahlung einer Zusatzprämie nach dem Rückgewährtarif besonders [illegible]. Dies kann nur gleichzeitig mit der Hauptversicherung geschehen.

Auszug aus Tarif C.

Gleichbleibende, sofort beginnende Rente, welche so lange gezahlt wird, als wenigstens eine von zwei Personen die Fälligkeitstage erlebt.

1. Wenn die jüngere Person beim Beginn der Versicherung alt ist:	2. und wenn die ältere Person beim Beginn der Versicherung alt ist: Ueber																													
	50½ bis 51½	51½ bis 52½	52½ bis 53½	53½ bis 54½	54½ bis 55½	55½ bis 56½	56½ bis 57½	57½ bis 58½	58½ bis 59½	59½ bis 60½	60½ bis 61½	61½ bis 62½	62½ bis 63½	63½ bis 64½	64½ bis 65½	65½ bis 66½	66½ bis 67½	67½ bis 68½	68½ bis 69½	69½ bis 70½	70½ bis 71½	71½ bis 72½	72½ bis 73½	73½ bis 74½	74½ bis 75½	75½ bis 76½	76½ bis 77½	77½ bis 78½	78½ bis 79½	79½
	Jahre, so ist für eine jährliche Rente von 100 ℳ. zu zahlen eine einmalige Prämie in Höhe von:																													
Jahre.	ℳ.	ℳ.	ℳ.	ℳ.	ℳ.	ℳ.	ℳ.	ℳ.	ℳ.	ℳ.	ℳ.	ℳ.	ℳ.	ℳ.	ℳ.	ℳ.	ℳ.	ℳ.	ℳ.	ℳ.	ℳ.	ℳ.	ℳ.	ℳ.	ℳ.	ℳ.	ℳ.	ℳ.	ℳ.	ℳ.
Ueber bis																														
39½–40½	1956	1946	1936	1926	1917	1908	1899	1890	1882	1874	1867	1860	1853	1847	1841	1836	1831	1826	1821	1817	1813	1809	1805	1802	1799	1796				
40½–41½	1939	1928	1917	1907	1897	1887	1878	1869	1861	1853	1845	1838	1831	1825	1819	1813	1807	1802	1798	1793	1789	1785	1781	1778	1775	1772	1769			
41½–42½	1920	1909	1898	1887	1877	1867	1857	1848	1839	1830	1822	1815	1808	1801	1795	1789	1783	1778	1773	1769	1764	1760	1756	1753	1750	1747	1744	1741		
42½–43½	1902	1890	1878	1867	1856	1846	1836	1826	1816	1808	1800	1792	1784	1777	1771	1765	1759	1753	1748	1743	1739	1735	1731	1727	1724	1721	1718	1715	1713	
43½–44½	1883	1871	1859	1847	1835	1824	1814	1804	1794	1785	1776	1768	1760	1752	1745	1739	1733	1727	1722	1717	1712	1708	1704	1700	1697	1694	1691	1688	1685	1683
44½–45½	1865	1852	1839	1826	1814	1803	1792	1781	1771	1761	1752	1743	1735	1727	1720	1713	1707	1701	1695	1690	1685	1681	1677	1673	1669	1665	1662	1659	1657	1655
45½–46½	1846	1832	1819	1806	1793	1781	1769	1758	1747	1737	1727	1718	1710	1702	1694	1687	1680	1674	1668	1663	1658	1653	1648	1644	1640	1637	1634	1631	1628	1626
46½–47½	1827	1813	1799	1785	1772	1759	1747	1735	1723	1713	1703	1693	1684	1675	1667	1660	1653	1646	1640	1634	1629	1624	1619	1615	1611	1607	1604	1601	1598	1595
47½–48½	1809	1794	1779	1765	1751	1737	1724	1712	1700	1688	1677	1667	1658	1649	1640	1632	1625	1618	1612	1606	1600	1595	1590	1585	1581	1577	1573	1570	1567	1565
48½–49½	1790	1775	1760	1745	1730	1716	1702	1689	1676	1664	1653	1642	1632	1622	1613	1605	1597	1590	1583	1576	1570	1564	1559	1554	1550	1546	1542	1539	1536	1533
49½–50½	1773	1756	1740	1724	1709	1694	1679	1665	1652	1639	1627	1616	1605	1595	1586	1577	1569	1561	1553	1546	1540	1534	1529	1524	1519	1515	1511	1507	1504	1501
50½–51½	1755	1738	1721	1704	1688	1672	1657	1642	1628	1615	1602	1590	1579	1568	1558	1549	1540	1532	1524	1517	1510	1504	1498	1493	1488	1483	1479	1475	1472	1469
51½–52½		1720	1703	1685	1668	1651	1635	1620	1606	1592	1578	1565	1553	1541	1531	1521	1511	1502	1494	1486	1479	1473	1467	1461	1456	1451	1447	1443	1439	1436
52½–53½			1684	1666	1648	1630	1613	1597	1581	1566	1552	1539	1526	1514	1503	1492	1482	1473	1464	1456	1448	1441	1435	1429	1423	1418	1413	1409	1405	1402
53½–54½				1646	1627	1609	1592	1575	1558	1542	1527	1513	1500	1487	1475	1464	1453	1443	1434	1425	1417	1410	1403	1396	1390	1385	1380	1375	1371	1367
54½–55½		—	—		1608	1589	1570	1552	1535	1519	1503	1488	1473	1460	1447	1435	1424	1413	1403	1394	1385	1377	1370	1363	1357	1351	1345	1340	1336	1332
55½–56½						1569	1549	1530	1512	1495	1478	1462	1447	1433	1419	1406	1394	1383	1373	1363	1354	1345	1337	1329	1322	1316	1310	1305	1300	1296
56½–57½							1529	1509	1490	1472	1454	1437	1421	1406	1392	1378	1365	1353	1342	1331	1321	1312	1303	1295	1288	1281	1275	1269	1264	1260
57½–58½								1488	1468	1449	1430	1412	1396	1380	1365	1350	1336	1323	1311	1300	1289	1279	1270	1261	1253	1246	1239	1233	1228	1223
58½–59½									1447	1427	1407	1389	1371	1354	1338	1323	1308	1294	1281	1269	1258	1247	1237	1228	1219	1211	1204	1198	1192	1187
59½–60½	—	—		—		—	—			1405	1385	1366	1347	1329	1312	1296	1281	1266	1252	1239	1227	1216	1205	1195	1186	1178	1170	1163	1157	1151
60½–61½											1364	1344	1324	1305	1287	1270	1253	1238	1224	1210	1197	1185	1174	1164	1154	1145	1136	1129	1122	1116
61½–62½												1322	1302	1282	1263	1245	1228	1211	1196	1182	1168	1155	1143	1132	1122	1112	1103	1095	1088	1081
62½–63½													1280	1259	1239	1220	1202	1185	1169	1154	1139	1126	1113	1101	1089	1079	1070	1061	1053	1046
63½–64½														1237	1217	1197	1178	1160	1143	1127	1112	1097	1084	1071	1059	1048	1038	1028	1020	1012
64½–65½		—								—				—	1195	1174	1154	1135	1117	1100	1084	1069	1055	1042	1029	1017	1006	996	987	979
65½–66½																1152	1131	1111	1093	1075	1058	1042	1027	1012	999	986	975	964	955	946
66½–67½																	1110	1089	1069	1051	1033	1016	1000	985	971	958	945	934	923	914
67½–68½																		1068	1047	1027	1009	991	974	958	943	929	916	904	893	883
68½–69½																			1025	1005	985	967	949	932	916	904	888	875	863	853
69½ Jahre		—				—	—		—	—										983	963	943	925	907	891	875	861	847	835	823

II.

Sofort beginnende, steigende Renten (Tarif B).

Aufgeschobene, gleichbleibende Renten (Tarife D—G).

Rückgewährtarif zu den Tarifen A und B.

Wer für die nächsten Jahre sich mit einer niedrigen Rente begnügen oder auf den Rentengenuß ganz verzichten will, kann mit seinen Ersparnissen eine desto ausgiebigere Versorgung für spätere Lebensjahre erzielen. Diesem Zwecke dienen die Tarife B und D—G der Preußischen Renten-Versicherungsanstalt. Da dieselben nebst Versicherungsbedingungen jederzeit leicht von der Direktion oder einem Agenten bezogen werden können, so werden sie hier nicht besonders wiederholt, sollen aber in Kürze erläutert werden.

Die Versicherungen nach **Tarif** B liefern eine anfangs mäßige, allmählich aber steigende Rente, welche später in eine höhere gleichbleibende übergeht. Die letztere ist um so höher, je später der Uebergang stattfindet: sie wird nach demjenigen Prozentsatz des Tarif A bestimmt, welcher dem Alter des Versicherten zur Zeit des Uebergangs entspricht. Die Wahl dieses Zeitpunktes bleibt im Wesentlichen dem Versicherten überlassen. Vergl. die besonderen Bedingungen des Tarif B.

Diese Freiheit und der Umstand, daß die vor dem Uebergang zur gleichbleibenden Rente zu beziehenden steigenden Renten immerhin die gewöhnlichen Zinsen nicht unerheblich übertreffen, machen die Anwendung dieses Tarifs, wie nachfolgendes Beispiel zeigt, häufig vortheilhaft.

Eine Lehrerin im Alter von 56½ Jahren hat ein kleines Vermögen von 10 000 ℳ und möchte sich damit, wenn auch erst für später, eine Rente von mindestens 1000 ℳ sichern. Zahlt sie die 10 000 ℳ sogleich nach Tarif A ein, so erhält sie nur 815 ℳ jährlich. Wartet sie aber mit der Einzahlung 6 Jahre, also bis sie 62½ Jahre alt ist, so erhält sie von da ab zwar jährlich 1009 ℳ nach Tarif A, sie hat aber in der Zwischenzeit nur etwa 350 ℳ Zinsen jährlich. Wählt sie dagegen die sofortige Versicherung nach Tarif B, so kann sie nach sechs Jahren ebenfalls zu der gleichbleibenden Rente von 1009 ℳ übergehen, hat aber statt der 350 ℳ Zinsen für die ersten sechs Jahre der Reihe nach 507, 526, 548, 571, 591, 617 ℳ Rente zu beanspruchen, steht sich also erheblich besser.

Wer also von einem höheren Alter ab eine bestimmte gleichbleibende Rente erhalten, aber auf vorherigen Rentengenuß nicht ganz verzichten will, hat nur nöthig, die zur Versicherung jener Rente bei Zugrundelegung des höheren Alters nach Tarif A erforderliche Prämie sofort, und zwar nach Tarif B, einzuzahlen. Die Sätze der dann zunächst zu zahlenden niedrigeren steigenden Renten sind fest, vom Alter abhängig und aus dem Tarif B zu ersehen. So lange die Steigerung dauert, kann die Rente nur jährlich (nicht auch halb- oder vierteljährlich) und nur nach Ablauf der einzelnen Versicherungsjahre fällig werden. Diese Versicherungen sind nicht zu verwechseln mit den durch Einlagen zu den Jahresgesellschaften begründeten, welche

Renten mit einer je nach den Rechnungsergebnissen veränderlichen und daher unbestimmten Steigerung ergeben und in Prospekt 1 behandelt sind.

Kann man während einiger Zeit einer Revenue aus der zu leistenden Einzahlung ganz entbehren, so empfiehlt sich die Versicherung einer aufgeschobenen Rente nach einem der **Tarife D—G**. Der Aufschub bezeichnet die Zeit, für welche die Rente nicht gezahlt wird.

Die 56½jährige Lehrerin würde beispielsweise bei Versicherung nach Tarif D (ohne Rückgewähr) und Zahlung von 9410 *M.* die Rente von 1000 *M.* schon nach dreijährigem Aufschub erhalten können.

Je länger der Aufschub genommen wird, desto billiger ist natürlich die Prämie; so würde eine andere Dame, 40½ Jahre alt, für nicht ganz 10000 *M.* bei 19jährigem Aufschub eine Rente schon von 2250 *M.* jährlich nach demselben Tarif versichern können.

Den Aufschub wird man selbstverständlich auf so viele Jahre bemessen, als man der Rente nicht zu bedürfen glaubt. Da man sich aber hierbei irren kann, so wird man leicht Gefahr laufen, daß das Bedürfniß früher eintritt, als man erwartet hatte. Die Anstalt hat daher im Interesse ihrer Mitglieder die Einrichtung getroffen, daß der Aufschub nicht unabänderlich ist, sondern verkürzt werden kann, so daß das Mitglied schon vor Ablauf der ursprünglich vereinbarten Frist Rente erhält. Findet also z. B. die zuletzt erwähnte Dame, daß sie schon nach 15 Jahren der Rente nicht mehr entbehren kann, so hat sie nur nöthig, die Verkürzung des Aufschubs auf 15 Jahren zu beantragen und erhält dann nach Ablauf derselben für ihre 10000 *M.* statt der Rente von 2250 *M.* eine solche von nahezu 1600 *M.* jährlich. Eine Ermäßigung der Rente muß in solchen Fällen natürlich eintreten. Dieselbe ist aber mit keiner Schädigung der Mitglieder verknüpft, da die neue Rente auf den Betrag festgesetzt wird, der, wenn der kürzere Aufschub gleich beim Abschluß vereinbart wäre, nach demselben Tarif auch nur hätte versichert werden können.

Da die aufgeschobenen Renten auch gegen Zahlung laufender Prämien versichert werden können und da auch in diesem Falle die Verkürzung des Aufschubs möglich ist, so läßt sich durch solche Versicherungen eine ähnliche Versorgung wie durch eine Wittwenpension erzielen. Jemand hat z. B. seine 35jährige Frau mit einer um 20 Jahre aufgeschobenen Rente von jährlich 1000 *M.* nach Tarif E gegen Zahlung jährlicher Prämien von 386 *M.* versichert. Stirbt der Mann vor Beendigung des Aufschubs z. B. im 16. Versicherungsjahre, so beantragt die Wittwe einfach die Verkürzung des Aufschubs auf 16 Jahre und erhält danach, dem kürzeren Aufschub und der geringeren Zahl der Prämien entsprechend, jährlich 612 *M.* Rente. Die Rente ist also niedriger, wenn der Mann früh stirbt, während sie andererseits auch bei seinen Lebzeiten zur Hebung gelangen kann.

Diejenigen Personen, welche für den Fall, daß sie vor Beendigung des Aufschubs sterben, ihren Erben eine Rückzahlung der Prämien sichern möchten, seien die Tarife F und G (Versicherung aufgeschobener Renten gegen einmalige und jährliche Prämien) empfohlen. Die Rückzahlung beträgt nach Maßgabe der auf den Tarifen abgedruckten besonderen Bedingungen 95 Prozent der eingezahlten Prämien. Die Prämien sind natürlich etwas höher, als bei der Versicherung ohne Rückgewähr, und würden z. B. in dem zuletzt erwähnten Beispiel 432 *M.* nach Tarif G betragen.

Die laufenden Prämien können gegen eine kleine Erhöhung auch in halb- oder vierteljährlichen Raten entrichtet werden. Desgleichen ist auch die Versicherung halb- oder vierteljährlicher aufgeschobener Renten zulässig.

Schließlich sei noch bemerkt, daß auch mit den Versicherungen sofort beginnender Renten nach Tarif A oder B eine Rückgewährversicherung für den Todesfall verbunden werden kann. Die dann erforderliche Zusatzprämie wird nach einem besonderen Rückgewährtarif berechnet.

III.

Fälligkeit und Zahlung der Renten.

Die sofort beginnenden Renten laufen vom Beginn der Versicherung, die aufgeschobenen vom Ende der Aufschubszeit ab und werden sämmtlich postnumerando an gewissen, im Voraus festgestellten, periodisch wiederkehrenden Tagen fällig. Ist also z. B. als Fälligkeitstag der 28. September ausbedungen, so wird die Rente, falls es eine sofort beginnende ist, an dem auf den Beginn der Versicherung zunächst folgenden 28. September zuerst fällig; handelt es sich dagegen um eine z. B. um drei Jahre aufgeschobene Rente, so tritt die Fälligkeit zuerst an dem nach Beendigung des dritten Versicherungsjahres zunächst folgenden 28 September ein. Der Eintritt der Fälligkeit wird stets dadurch bedingt, daß das Mitglied (bei Versicherungen nach Tarif C wenigstens eins der Mitglieder) den Fälligkeitstag erlebt.

Als Fälligkeitstage können bei gleichbleibenden Renten der 28. März, 28. Juni, 28. September oder 28. Dezember in Frage kommen. Im Falle jährlicher oder halbjährlicher Rentenzahlung hat der Antragsteller einen, bezw zwei von diesen Tagen zu bezeichnen.

Vergl. im Uebrigen § 5 der Allgemeinen Versicherungsbedingungen.

Behufs Erhebung der Renten werden Coupons ausgegeben, auf deren Rückseite das Formular zu einem Lebensattest vorgeschrieben ist. Die Zahlung erfolgt nach Maßgabe der Statuten an Den, welcher den Coupon bei der vereinbarten Zahlstelle (als welche die Hauptkasse oder irgend eine Agentur der Anstalt fungiren kann) vorlegt, nachdem das Attest von einer öffentlichen Behörde oder einem öffentlichen Beamten, der ein Dienstsiegel führt, unter Beidrückung desselben ausgestellt worden ist. Wer einen solchen Coupon brieflich an die betreffende Zahlstelle einsendet, muß daher ersichtlich machen, daß er der Einsender ist, damit die Zahlstelle weiß, an wen sie den Betrag zu senden hat.

Da die Fälligkeit gleichbleibender Renten zwei oder drei Tage vor einem Quartalswechsel eintritt, so können diese Renten in der Regel beim Quartalsanfang selbst, wo sie zu Miethe und dergleichen Ausgaben gebraucht werden, in den Händen des Mitgliedes sein, auch wenn – falls die Zahlstelle nicht am Orte selbst ist – Postverkehr nothwendig ist. Ein Wechseln der Zahlstelle ist zulässig, muß aber, damit es bei der nächstfälligen Rente schon berücksichtigt werden kann, mindestens 6 Wochen vor deren Fälligkeit der Direktion angemeldet werden

Die große Zahl der Agenturen der Anstalt, die als Zahlstelle fungiren können und auf dem Umschlag dieses Prospektes verzeichnet sind, ermöglicht es den meisten Mitgliedern, die Renten an ihrem Wohnorte selbst zu erheben.

Wer sich der mit der eigenen Aufbewahrung der Coupons verbundenen Gefahr eines Couponverlustes und den Folgen eines solchen (§ 37 der Stat.) nicht aussetzen will, kann die Versicherungsurkunde nebst Coupons kostenlos der Anstalt in Verwahrung geben. Nach Maßgabe eines besonderen darüber abzuschließenden Verwahrungsvertrages trennt dann die Anstalt die Coupons beim Eintritt der Fälligkeit ohne Zuthun des Mitgliedes ab und sendet diesem die Rente durch die Post zu.

Die Anstalt gewährt somit Alles, was geeignet ist, den Rentenbezug so sicher und bequem für die Mitglieder, als nur irgend möglich, zu gestalten.

IV.

Verfahren beim Abschluß einer Versicherung nach den Tarifen A—G.

Wer eine Versicherung abzuschließen wünscht, stelle zunächst einen schriftlichen Versicherungsantrag (Siehe Musterbeispiel S. 12) auf dem dafür bestimmten Formulare aus und übergebe denselben einem Agenten der Anstalt oder sende ihn an die Direktion unmittelbar ein. Nach näherer Anleitung des Formulars muß demselben Geburts- oder Taufschein für die Person oder Personen, auf deren Leben die Versicherung geschlossen werden soll, beigefügt werden.

Nach Annahme des Antrags seitens der Direktion erhält der Antragsteller von dieser eine Benachrichtigung nebst Berechnung der zu zahlenden Prämie und des Stempels (circa ½ Prozent der Prämie) und ist darauf verpflichtet, Prämie und Stempel binnen 14 Tagen in der Hauptkasse der Anstalt zu Berlin zu zahlen oder an die Direktion einzusenden. Mit Ablauf nahezu derselben Frist, nämlich mit dem vierzehnten Tage nach Eingang des Antrags bei der Direktion, beginnt dagegen die Versicherung (§§ 2 u. 3 der Allgem. Versicherungsbedingungen).

Wünscht man, daß die Versicherung schon mit dem Tage des Eingangs des Antrages selbst beginnt, so muß man dies im Antrage aussprechen und die Prämien nebst Stempel gleich bei Einreichung des Antrages der Direktion zugehen lassen, ohne erst eine Aufforderung dazu abzuwarten. Durch den um 14 Tage früheren Beginn der Versicherung erreicht man dann, daß auch der Rentenlauf früher beginnt und der am ersten Fälligkeitstage zu zahlende Rentenbetrag um den auf vierzehn Tage entfallenden Bruchtheil der Jahresrente höher ist als sonst. (Vergl. § 5 der Allgem. Versicherungsbedingungen.)

Nach Zahlung der Prämie nebst Stempel wird dem Antragsteller die Versicherungsurkunde zugestellt.

Die Einzahlung kann in Orten, in welchen sich eine Reichsbankstelle befindet, mit Vortheil bei dieser auf das Reichsbankgirokonto der Direktion der Anstalt geleistet werden. Die Provision, welche sich die Reichsbank dafür von Nichtgirokunden zahlen läßt, ist, wenn die Zahlung in den Vormittagsstunden geschieht, erheblich geringer als das Porto, welches die Einsendung des Betrages durch die Post verursacht.

Die Personen, auf deren Leben eine Rentenversicherung nach den Tarifen A—G abgeschlossen ist, werden Mitglieder der Anstalt. Da diese auf Gegenseitigkeit beruht, so läßt sie ihre Gewinne stets den Mitgliedern zu Gute kommen. Dies geschieht bezüglich der vorerwähnten Versicherungsarten nach Maßgabe der §§ 83, 84 der Statuten in Form von **Dividenden.**

Die Aussichten auf solche lassen sich zwar ziffermäßig nicht nachweisen, sind aber keineswegs gering, da die Tarife auf soliden Grundlagen beruhen und daher sowohl Zinsüberschüsse als auch Gewinne aus günstiger Sterblichkeit der Mitglieder erwarten lassen. Zur Zeit werden Dividenden noch nicht vertheilt, da bisher bei dem kurzen Bestehen der besprochenen Tarife (seit 1889) weder Gewinne zu erzielen, noch bezugsberechtigte Versicherungen vorhanden waren.

Die Anstalt erhielt von 1839—1888 von den Mitgliedern (Einlagen, Nachzahlungen, Prämien)	49 534 103,70	*M.*
zahlte denselben dagegen (Rente, Rückgewähr und sonstige Versicherungssummen)	49 408 411,16	"
Ende 1888 betrugen die laufenden Renten jährlich . .	2 728 600,80	"
die Hauptdeckungsfonds	62 258 116,41	"
der Bestand der Sparkasse der Anstalt . . .	8 618 505,79	"
die verschiedenen Reserve- und Sicherheitsfonds	2 434 868,35	"

Berlin W. 41, Kaiserhofstr. 2, den 2. Januar 1890.

Direktion der Preuß. Renten-Versicherungs-Anstalt.

Versicherungs-Antrag.

An die Preußische Renten-Versicherungs-Anstalt zu Berlin W. 41, Kaiserhofstr. 2.

Fragen		Antworten des Antragstellers I.	II.
1. Welches ist der Person oder Personen, auf deren Leben die Versicherung geschlossen werden soll (des Mitgliedes)	a) voller Vor- und Zuname? (bei Frauen u. Wittwen auch Geburtsname)	a) *Müller, Friedrich Wilhelm.*	a) *Müller, geb. Schulze, Auguste, Amalie.*
	b) Geburtstag und Jahr?	b) *11. August 1825.*	b) *9. Juli 1830.*
	c) Geburtsort?	c) *Frankfurt a. M.*	c) *Berlin.*
	d) jetziger Wohnort?	d) *Strassburg im Els.*	d) *Strassburg im Els.*
	e) jetziger Stand, Titel, Adresse?	e) *Rentier.*	e) *Ehefrau der zu I aufgeführten Person.*
	f) Nummer früherer Versicherungs-Urkunde oder Jahresges., Klasse u. Nr. von Einlagen?	f) —	f) —
NB. Für alle Personen, welche noch nicht Mitglieder der Anstalt sind oder nur in der I. Klasse der Jahresges. 1839-88 Einlagen haben, ist eine den Geburtstag genau nachweisende Bescheinigung (Taufschein, Geburtsurkunde, Militairpaß u. s. w.) beizufügen.			
2. Soll die Versicherung geschehen zu Gunsten	a) der zu 1 genannten Personen b) oder welcher Andern (§ 66 St.)	a) *Ja, nach dem Tode der zuerst sterbenden jedoch ausschliesslich zu Gunsten der überlebenden Person.*	
3. Nach welchem Tarif soll versichert werden?		Nach Tarif *C.*	
4. Bei Versicherungen nach Tarif A, C, D, E, F, G.	a) Wie viel soll die Rente betragen jährlich, halb- od. vierteljährlich?	a) *500* Mark *halb*jährlich.	
	b) Bei nicht sofort beginnenden Renten — wie lange soll der Aufschub dauern?	b) ——— volle Jahre, vom Beginn der Versicherung ab gerechnet.	
	c) An welchen Tagen soll die Rente fällig werden in jedem Jahre?	c) ~~am 28. März,~~ 28. Juni, ~~28. September,~~ 28. Dezember. NB. Die nicht gewünschten Termine sind zu durchstreichen.	
	d) Soll eine einmalige, oder sollen jährliche, halbjährl. od. viertel-jährl. Prämien gezahlt werden?	d) *einmalige Prämie 13 385 M.* *Stempel 67 -* *zusammen 13 452 M.*	
5. Welcher Betrag soll bei Versicherung nach Tarif B. als einmalige Prämie gezahlt werden?		~~Mark~~	
6. Bei Versicherungen nach Tarif A, B.	a) Soll auch Rückgewähr neben der Rente versichert werden?	a)	
	b) Wie viel soll die Rückgewähr betragen?	b) .... Mark.	
7. Bei Kapital-Versicherung nach Tarif H.	a) Welcher Kapitalbetrag soll versichert werden?	a) Mark	
	b) Nach wie viel Jahren soll er fällig werden?	b) Nach Jahren, vom Beginn der Versicherung ab gerechnet.	
	c) Soll die Prämie in einer Summe od. in jährlichen, halb- od. viertel-jährl. Raten gezahlt werden?	c)	
8. Bei Rentenversicherungen: Soll die Rente bei einer Agentur der Anstalt erhoben werden und bei welcher?		*bei der Hauptagentur Coblenz.*	
9. Soll bei laufenden Prämien die zweite und die ferneren bei einer Agentur der Anstalt gezahlt werden und bei welcher?			

Ich habe die revidirten Statuten der Preuß. Renten-Versicherungs-Anstalt nebst deren Nachträgen, die allgemeinen Versicherungs-Bedingungen und die Tarife nebst besonderen Bedingungen erhalten, will danach den vorstehenden Antrag stellen und unterwerfe mich den Statuten, Nachträgen, Bedingungen und Tarifen.

Die einmalige Prämie nebst Stempel habe ich heute auf das Giroconto der Direction der Preuss. Renten-Versicherungs-Anstalt bei der hiesigen Reichsbankstelle eingezahlt und beantrage dafür, dass die Versicherung mit dem Eingangstage dieses Antrags beginnt.

Strassburg im Elsass den *17. Februar 1890.*

Volle Unterschrift des Antragstellers: *Auguste Amalie Müller, geb. Schulze.*

mit Adresse: *Strassburg im Elsass, Breite Strasse No. 73.*

Vorstehenden Antrag genehmige ich als *Ehemann.*

Friedrich Wilhelm Müller.

Greifenberg (Pommern), Gustav Gilbert, Rathsherr.
Greiffenberg (Schlesien), Gustav Hubrich, Kaufm.
Greifswald, Herm. Tronsen, Kaufm.
Greiz, F. Schulz, Stadtsecretair.
Grevesmühlen, C. Huschke, (Firma: F. A. Huschke) Kaufm.
Gronau (Leine), Carl Platbner, Rentner.
Grünberg (Schlesien), Pincus S. Abraham, Bankier.
Guben, Reinhold Zimmermann, Kaufm. u. Lotterie-Einnehmer.
Güstrow, Ludwig Hamann, Kaufm.
Guhrau, A. Bielef, Steuerrendant in [illegible].
Gumbinnen, Carl Berg, Kaufm.
Halberstadt, Moosbake & Linnemann, Bankiers.
Halle (Saale) Jordan, Stadtrat a. D.
" " E. F. Bautsch, Kaufm.
Hamburg, Joh. F. C. Meyer, Kaufm.
" Moritz Philipp, Assecuradeur.
Hameln, Wilh. Katz, Kaufm.
Hamm, Fr. Huseisener, Kaufm.
Hannover, J. Osann, Civil-Ingenieur.
" J. Th. Werner, Agent.
Harburg (Elbe), Eduard Eddelbüttel sen., Kaufm.
Haselünne, M. Linne, Uhrmacher.
Havelberg, H. Lüchau (Firma: C. F. Peter), Kaufm.
Haynau, Herm. Gruhn, Kaufm.
Helmstedt, Otto Torguth, Kaufm.
Herford, F. W. Pankoke, Kaufm.
Herrstein, Phil. Reichardt, Gerber.
Hersfeld, Dr. H. Müller, Apotheker.
Herzberg (Harz), H. F. Wilhelm, Bankier.
Herzberg (Elster), H. Riede, Obertelegraphen-Assistent a. D.
Hettstedt, Otto Spiegler, Kaufm.
Hilden, Fritz Greissard, Kaufm.
Hildesheim, Krieger & Mezoldt, Kaufleute.
Hirschberg (Schlesien), Emil Cassel (Firma: Gebr. Cassel) Kaufm.
Höxter, Herm. Dormann, Rendant.
Hohenfriedeberg, M. Saluk, Kaufm.
Hohenstein (Sachsen), E. F. Zenner, Kaufm.
Holzminden, J. Ballin & Co., Bankier.
Horstmar, P. Robert, Kaufm.
Hückeswagen, F. Welke, Redakteur.
Husum, F. Svenningsen, Kaufm.
Jauer, Franz Gaertner, Kaufm.
Jena, v. Kleditzsch, Ingenieur.
Jever, J. G. Harenberg, Kaufm.
Ilfeld, H. Tronnier, Oekonom.
Inowrazlaw, Emil Witusski, Kaufm.
Insterburg, F. W. Stadie, Kaufm.
Iserlohn, W. Sassenhoff, Standesbeamter.
Itzehoe, R. Rissen, Lehrer.
Jülich, J. B. Esser, Kreisthierarzt u. Bürgermeister.
Jüterbog, F. L. Frobenius, Agent.
Kattwig, Wilh. Roßkothen, Gerichts-Taxator.
Kiel, H. Wichmann, Stadtrath.
Kirchhain (Nied.-Lausitz), Ernst Schuster, Kaufm.
Königsberg (Preußen), A. Anderich & Krüger, Kaufl.
Königsberg (Neumark), H. Richter, Kaufm.
Kreuzburg (Schlesien), Anton Herrmann, Kaufm.
Kreuznach, J. M. Fischer, Kaufm.
Krotoschin, P. Berend, Buchhändler.
Landeshut (Schlesien), F. E. Blaeser, Rentier.
Landsberg (Warthe), Franz König, Kaufm.
Langensalza, Chr. Wilh. Schröter, Kaufm.
Lauban, F. A. Heinrich, Kaufm.
Lauenburg (Elbe), A. Weyergang, Kaufm.
Lauterberg (Harz) H. C. Kleinecke, Kaufm.
Leer, Joh. G. Niemann, Kaufm.
Legden, Franz Brüning, Gastwirth.
Lehe, W. Lorenz, Mandatar.
Leipzig, Paul Julius Meißner, (Firma: Juli. Meißner) Kaufm.
Lengerich, F. F. B. Herlitz, Kaufm.
Lennep, W. Ackermann, Agent.
Leisum, G. Sengelken, Mandatar.
Leschin, Albert Schwarz, Kaufm.
Liegnitz, Erdmann Kappich, Kaufm.
Limburg (Lahn), Wilh. Hammerschlag, Kaufm.
Lindow, Herm. Lagemann, (Firma: J. Lagemann) Kaufm.
Lingen, Aug. Löning, Kaufm.
Linnich, Aug. Berns, Bürgermeister a. D.
Linz (Rhein), Lambert a Brassard, Kaufm.
Lippstadt, Jul. Sickermann, Kaufm.
Lissa (Bz. Posen), Theodor Liebelt, Kaufm.
Löwenberg (Schlesien), O. Gliemann, Bürgermeister a. D.
Luckau, Otto Weber, Maurermeister.
Lübben, Albert Lehmann, Agent.
Lübeck, Adolf Berens, Musikalienhändler.
Lüben (Schlesien), Herrm. Schäfer, Kaufm.
Lüdinghausen, J. Mühlenhoff, Agent.
Lüneburg, Louis Klutzmann, Agent.
Lützen, Aug. Sensenhauser, Kaufm.
Lyck, Rudolf Walendy, Getreidehändler.
Magdeburg, G. W. Lincke, (Firma: Agricola & Lincke) Kaufm.
Malchin, G. Thiel, Lehrer.
Marburg (Bezirk Cassel), Ferd. Bartz, Bankier.
Marienburg (Westpreußen), Otto Beckert, Bankier.
Marienwerder (Westpreußen) M. Purpel, Kaufm.
Meinersen, H. Brandes, Kaufm.
Meiningen, Traugott Laun, Hoflieferant.
Meißen, Richard Lenz, Kaufm.
Meldorf, H. Bormann, Bankagent.
Melle, L. H. W. Knoch, Kaufm.
Memel, J. G. Schultz, Kaufm.
Meppen, J. Steidel, Kammersekretär.
Merseburg, H. Pfautsch, Kaufm.
Mettmann, Jul. Blasberg, [illegible] Sekretär.
Minden, A. v. Reuter, Kaufm.
Mittweida, A. L. Hobusch, Kaufm.
Moers, Gerh. Peschmann, Restaurateur.
Moringen, Gustav Voigt, Privatier.
Mühlberg (Elbe) Oskar Lichtenberg, [illegible].
Mühlendorf bei Hohenlimburg, F. [illegible], Rentner.
Mühlhausen (Thüringen), A. Tanner, (Firma: G. Tanner) Buchhändler.
Mülheim (Ruhr), C. Schluckebier, Agent.
Münden, W. Kaufmann, Agent.
Münster (Westfalen), Gebr. Baasler & [illegible], General-Agenten.
Münsterberg, C. Ulbrich, Partikulier.
Münstermaifeld, Joseph Bickel, Kaufm.
Muskau, H. W. Flach, [illegible].
Naumburg (Saale), Otto u. Carl Kayser, (Firma: A. Vogel), Bankiers.
Neiße, J. Bayer, Kaufm.
Neu-Brandenburg, J. F. Boldt, Polizei-[illegible].
Neuhaldensleben, G. Frick, Kaufm.
Neu-Ruppin, Gustav Rath, Kaufm.
Neusalz, Moritz Adam, Kaufm.
Neustadt (Dosse), H. Alberts, Kaufm.
Neustettin, F. A. Eckstein, Buchhändler u. Lotterie-Einnehmer.
Neu-Strelitz, Ernst Schröder, Kaufm.
Neuß, Gebr. Könemann, Kaufleute.
Neuwied, A. Lichtenstein, Kaufm. u. Lotterie-Einnehmer.
Niesky, Paul Schmiel, Kaufm.
Nienkerk, Otto Sterzenbach, Kaufm.
Nimptsch, Ferdinand Kallinek, Kaufm.
Nordhausen, Otto Burkhardt, Kaufm.
Northeim, H. L. Matthies, Kaufm.
Oderberg (Mark), F. D. Schmidt, Arbeiter.
Oelde, F. Rott II., Kaufm.
Oels (Schlesien), Reinhold Hahn, Kaufm.
Oldenburg (Großherz.), A. Gebermann, Kaufm.

Olfen, Theodor Lackmann, Gerichts-Taxator.
Opalenitza, Ed. Gonszczak, Kämmerer.
Oppeln, Georg Maske, (Firma: Eugen Franckes' Buchhandlung) Buchhändler.
Oranienburg, Eugen Schaad, Kaufm.
Orsoy, Wilh. Blambeck, Kaufm.
Oschatz, Gustav Kunze, (Firma: C. G. Lochmann's Wittwe Sohn) Kaufm.
Oschersleben, Fr. Heine, Bankier.
Osnabrück, Wilh. Herm. Meyer (Firma: Jacob Fr. Meyer & Sohn), Kaufm.
Osterode (Harz), Fr. Habenicht, Kaufm.
Paderborn, J. Hahn, (Firma: F. Wittenberg) Kaufm.
Pasewalk, E. Buhring, Stadt-Hauptkassen-Rendant.
Penig, Bruno Straubelt, Kaufm.
Perleberg, H. Schulla, Goldarbeiter.
Pirna, W. Büttner, Kaufm.
Plauen, Richard Landrock, Kaufm.
Poeßneck, Richard Herrmann, Kaufm.
Posen, Adolf Fenner, General-Agent.
Potsdam, R. Cabos, Buchhändler.
Prenzlau, Ernst Schwill (Firma: F. W. Korb), Kaufm.
Pritzwalk, E. Köppen, Kaufm.
Quedlinburg, Adolph Hertzer (Firma: F. A. Hertzer), Kaufm.
Querfurt, Carl Brechtel, Kaufm.
Ranis, C. Scheuermann, Kaufm.
Rathenow, M. Hobrecht, Rentner.
Ratibor, L. Höniger, Baumeister.
Ratingen, Eduard Schlösser, Architekt.
Rawitsch, Herm. Putzke, Kaufm.
Reichenbach (Schlesien), Gotthard Duhr, Kaufm.
Remscheid, Müller & Schmidt, Kaufleute.
Rendsburg, C. Fromm, Kaufm.
Rheine, Jos. Wesselinck, Kaufm.
Rheydt, O. Büschgens jun., Kaufm.
Ribnitz, Eckhard Nizze, Rentner.
Riesa, Emil Gaschütz, Kaufm.
Rinteln, Eduard Matthei, Kaufm.
Rodach, Hermann Hofmann, Kaufm.
Rogasen, J. Geballe, Kaufm.
Rostock (Mecklenburg), J. H. Weber, Konsul.
Rudolstadt, E. Himmelreich, Kaufm.
Ruhrort, Gerhard Rieth, Kaufm.
Saarbrücken, Th. Möllinger jun., Kaufm.
Sagan, F. Wiesenthal, Bankier.
Salzwedel, Wilhelm Gumprecht, Kaufm.
Sangerhausen, Th. Schander, Kaufm.
Schleitz, Herm. Ruhsam, Kaufm.
Schleusingen, W. Grothe, Kassirer.
Schmalkalden, Ernst Bauer, Rentner.
Schmiedeberg (Riesengebirge), Otto Steinthal, Rentner.
Schoenebeck, G. Hoyer jun., Kaufm.
Schweidnitz, F. A. Schmidt, Kaufm.
Schwerin (Mecklenburg), Adolf Schwencke (Firma: A. Schwencke & Söhne), Generalagent.
Seehausen (Altmark), A. Stilcke, Rathmann, Kaufm.
Siegen, C. Schmidt, Buchhalter.
Soest, J. Winkelmann, Rendant.
Soldin, Alb. Zeeger, Kaufm.
Solingen, Peter Bits in Ohligs, Agent.
Sondershausen, F. Lattermann, Kommissionsrath.
Sorau, Hugo Rade (Firma: Rade & Comp.), Kommerzienrath, Bankier.
Spandau, C. Sturm, Holzhändler.
Sprottau, Th. G. Rümpler, Kaufm.
Stade, F. Sander, Kaufm.
Stargard (Pommern), Fr. Freuer, Stadtrath, Lotterie-Einnehmer.
Staßfurt, Udo Keller, Stadtrath, Kaufm.
Stavenhagen, Heinr. Richter, Kaufm.
Stendal, G. Hempfenmacher, Kaufm.
Stettin, Johannes Carl Hildebrand, Kaufm. u. Lotterie-Einnehmer.
Stolp (Pommern), G. Rbt. Meyer jr., Kaufm.
Stralsund, G. Möllhusen, Kaufm. u. Maurermstr.
Suhl, Aug. Hartung, Fabrikant.
Swinemünde, G. Friederici, Apotheker.
Tangermünde, F. Aly jun., Kaufm.
Telgte, Franz Hövener, Kaufm.
Thorn, Benno Richter, Stadtrath, Kaufm.
Tilsit, Wilh. Riemann (Firma: Joh. Fr. Boy's Nachfolger), Kaufm.
Tönning, E. Muth jr., Kaufm.
Torgau, E. Thinius, Kaufm.
Trarbach, J. G. Dahl, Kaufm.
Treptow (a. d. Tollense), Emil Keding, Stadt- u. Polizei-Sekretär.
Treuenbrietzen, Albert Müller, Kaufm.
Trier, Eduard Schmitz, (Firma: Gebr. Schmitz) Kaufm.
Uelzen, Fritz Keitel, Kaufm.
Uerdingen, H. Roß sen., Lehrer.
Unna, Emil Kautsch, Kaufm.
Uslar, A. Overlach, Kaufm.
Verden, Lehmann, Bankier.
Waldenburg (Schlesien), Adolf Madautz, Kaufm.
Waren, H. Reese, Lehrer.
Warendorf, Caspar Hunckemöller, Kaufm.
Warin, J. C. F. Eichler, Senator.
Warmbrunn, G. H. Voigt, Kaufm.
Weener, H. D. Heikes, Rendant.
Weißenfels, E. L. Zickmantel, Stadtrath, Kaufm.
Weimar, A. Saal, Bankier
Werdohl, Carl Schmidt, Kaufm.
Werl, F. J. Preker, Auktions-Kommissar.
Werne, A. Niewind, Rendant.
Wernigerode, W. Schultze (Firma: C. F. Krumbhaar), Kaufm.
Wesel, Ludwig v. d. Trappen & Söhne, Kaufleute.
Wettin, Böttcher, Stadtkassen-Rendant.
Wetzlar (Lahn), Friedrich Montanus, Kaufm.
Wevelinghoven, Jac. Hubert Wingerath, Wirth und Oekonom.
Wiehe, Adolf Gerlach, Kaufm.
Wiesbaden, Feller & Gecks, Buch-, Kunst- und Musikalienhändler.
Wismar, Ferd. Schröder, Kaufm.
Wissen (Sieg), C. Mauelshagen, Kaufm.
Wittenberg, C. H. Merker (Firma: M. H. Merker), Kaufm.
Wittstock, Otto Schultz (Firma: W. F. Schultz Nachfl.), Kaufm.
Witzenhausen, A. Kuntze, Kaufm.
Wohlau, C. Eckert, Stadtkämmerer, in Stroppen.
Wolgast, Wilh. Gentzke (Firma: G. H. Gentzke), Kaufm.
Wriezen, J. Franke, Kaufm.
Zeitz, C. A. Rothe (Firma: G. C. Rothe & Sohn), Agent.
Zerbst, G. H. Schmidt, Kaufm.
Ziegenrück, G. Rottwitt, Apotheker.
Zittau, G. F. Hirt, Kaufm.
Zossen, C. Knoefeldt, Kaufm.
Züllichau, Gustav Martin (Firma: Gebr. Martin), Agent.
Zwickau, Holm von Bose, Kaufm.

Gedruckt bei Julius Sittenfeld in Berlin.

Preußische Renten-Versicherungs-Anstalt.

Versicherung unbestimmt steigender Renten (Jahresgesellschaften), Versicherung fester Leibrenten.

Berlin W. 41.

Kaiserhofstr. 2.

Versicherung von Kapitalien auf den Erlebensfall (Aussteuerversicherung), öffentliche Sparkasse.

— · · · —

Die **Preußische Renten-Versicherungs-Anstalt**, gegründet 1838, steht unter der besonderen Aufsicht des Staates. Der Präsident und der Vizepräsident des Kuratoriums werden von 3 zu 3 Jahren von Sr. Majestät dem Könige ernannt. Die übrigen 6 Mitglieder des Kuratoriums, sowie deren Stellvertreter werden von der Generalversammlung gewählt. Die Direktoren werden vom Kuratorium gewählt; ihre Wahl bedarf der Bestätigung seitens des Ministers des Innern. Die durch diese Organisation gewährleistete Solidität der Verwaltung und der große Versicherungsbestand der Anstalt bieten den Mitgliedern eine außerordentliche Sicherheit.

Zahl der Mitglieder (Versicherten) cirka 75000.

Gesammtvermögen über 75 Millionen Mark.

Prospekt I.

Jahresgesellschaften (unbestimmt steigende Renten).

Nähere **Auskunft**, sowie die Statuten, Versicherungsbedingungen und sonstigen Drucksachen, **insbesondere** auch die Prospekte über die anderen oben angegebenen Geschäftszweige der Anstalt sind zu erhalten durch **die Direktion**, Berlin W. 41, Kaiserhofstr. 2, und sämmtliche auf den folgenden Seiten dieses Umschlages verzeichneten **Agenturen**, welche auch zu jeder mündlichen Auskunft bereit sind.

Ausgegeben im Januar [illegible].

Agentur-Verzeichniß.

Aachen, Gustav Wuth, General-Agent verschiedener Versicherungs-Gesellschaften.
Alfeld, A. Bracke jun.
Altona, Herm. Lorenzen, Buchhändler.
Anclam, Fritz Kruger, Buchhändler.
Andernach, Winand Stupplin, Kaufm.
Angerburg, Herm. Cohn (Firma: Simon Cohn), Kaufm.
Annaberg, Hermann Hennicke, Kaufm.
Arnstadt, H. Oehler, Kaufm.
Artern, Theodor Poppe, Kaufm.
Aschersleben, Friedr. Keltz, Buchhändler.
Aurich, A. F. Begemann, Kaufm.
Bartenstein, Emil Kleitz, Kaufm.
Bautzen, W. Jacob, Kaufm.
Beckum, B. Koberg, Uhrmacher.
Bentheim, J. T. Richaus, Kämmerer.
Berlin, H. Redslob, Schloßplatz 11.
Bernburg, G. Teichmuller, Kaufm.
Beuthen O./S., Hermann Stadahl, Waisenvater.
Bielefeld, Potthoff & Castanien, Kaufleute und General-Agenten.
Billerbeck, Ludwig Stroetmann, Kaufm.
Bischofswerda, A. Lützenberg Nachf., Kaufm.
Bitterfeld, Herm. Schmiedt, Getreidehändler.
Blankenburg, W. Bösche, Lehrer.
Blankenese, B. Steinwender, Postmeister a. D.
Bocholt, H. te Laake, Kanzlist.
Bolkenhain, W. Wächter, Buchhändler.
Bonn, Gebr. Schmelz, Kaufleute.
Bornheim, Heinrich am Zehnhoff, Agent.
Brandenburg a. H., H. Pintus, Kaufm.
Braunsberg, Frau Toni Steinchen geb. Thiel (Firma: Oskar Steinchen).
Braunschweig, Lehmann Oppenheimer & Sohn, Bankiers.
Bremen, G. Wilmsen, Kaufm.
Bremervörde, Wilh. Hudtwalker, Kaufm.
Breslau, Carl Linnicke, Kaufm.
Brieg, C. Matzdorf jun., Kaufm.
Bromberg, A. Jahnke, Kauf.
Bützow, H. Klemm, Kaufm.
Buk, Max Buch, Kaufm.
Bunzlau, R. Schüller, Bankier.
Burg auf Fehmarn, Chr. Lafrenz, Kaufm.
Burg, C. Friedrich, Kaufm.
Buxtehude, C. H. Richter jun., Kaufm.
Calbe a. d. S., Carl Nicolaus, Kaufm.
Camenz i. S., A. Meißmann, Uhrmacher.
Cammin, A. Heincke, Kaufm.
Cassel, Damms & Streit, Bankiers.
Celle, Ad. Nüsse, Kaufm.
Charlottenburg, W. Mattischaß, Kaufm.
Chemnitz, Hermann Egger, Kaufm.
Clausthal, Arthur Brauns, Buchhändler.
Cleve, F. Char, Buchhandler.
Coblenz, Gustav Lorenz, Kaufm. und Königl. Lotterie-Einnehmer.
Coburg, G. Jang, Kaufm.
Cölleda, Krauth, Rendant zu Schloß Beichlingen.
Cöln, Ad. Mirgel, Kaufm.
Cönnern, F. Hilgenfeldt, Buchhändler.
Coesfeld, Franz Entrup, Stadtsekretär.
Cöslin, F. Stein, Stadtrath.
Cöthen, August Petzold, Kaufm.
Colberg, Carl Lehment, Kaufm. u. Königl. Lotterie-Einnehmer.
Cosel, Wilhelm Worbs (Firma: J. G. Worbs), Kaufm.
Cottbus, C. F. Arnecke, Kaufm. u. Königl. Lotterie-Einnehmer.
Crefeld, Müller Coutelle, Kaufm.
Crimmitzschau, Reinh. Dietrich, Kaufm.
Crossen a. O., J. C. Sauermann, Kaufm.
Cüstrin, C. & J. Fähndrich, Kaufleute.
Cuxhaven, C. L. Jäger, Kaufm.
Dannenberg, O. Jessel, Kaufm.
Danzig, P. Pape, Kaufm.
Delitzsch, Heinr. Starkloff (Firma: Starkloff & Rathmann), Kaufm.
Demmin, Johannes Witt, Kaufm.
Dessau, Fr. Mohr, Kaufm., Haupt-Agent für das Herzogthum Anhalt-Dessau-Cöthen.
Detmold, Fr. Burghard, Kaufm.
Diepholz, Eduard Müller, Kaufm.
Dinslaken, Chr. Herrmann, Kaufm.
Doberan, O. Nebelstorff, Kaufm.
Dortmund, Th. Lierfeld, General-Agent.
Dresden, Franz Dreschke, Kaufm.
Duderstadt, H. J. Gebhardt, Kaufm.
Dülken, Heinr. Görtz (Firma: Velters & Görtz), Kaufm.
Dülmen, F. Simons, Kaufm.
Düsseldorf, A. Steinfeld, General-Agent.
Duisburg, H. Schulte, Kaufm.
Eberswalde, W. Ringewaldt, Kaufm.
Eckartsberga, Carl Krause, Apotheker.
Egeln, W. Bärwald, Dachdeckermeister.
Eilenburg, Paul Irmisch, Kaufm.
Einbeck, Frdr. Mithoff, Kaufm.
Eisenach, H. Buddensieg (Firma: J. G. Brandt sen.), Kaufm., Haupt-Agent für das Großherzogthum Sachsen-Weimar.
Eisleben, G. Eschenhagen, Stadtrath a. D.
Elberfeld, H. v. Götzen, Lotterie-Einnehmer.
Elbing, Albert Reimer, Kaufm. u. Stadtrath.
Emden, P. van Rensen.
Erfurt, Gärtner & Müller, Kaufleute.
Essen, Herz A. Hirschland, Kaufm.
Eutin, Egbert Evers, Rendant.
Flensburg, Holm & Molzen, Kaufl.
Forst i. L., R. Albrecht, Dr. med.
Frankenhausen, Wilh. Herrmann, Kaufm.
Frankenstein i. Schl., Carl Reichel, Kaufm.
Frankfurt a. M., Chr. E. Derschow, General-Agent.
Frankfurt a. O., E. Nowka, Kaufm.
Freiberg i. S., Oscar Emmerling, Referendar a. D.
Freystadt i. Schl., Julius Krafft, Kaufm.
Friedland i. Mcklbg., A. Kurth, Kaufm. u. Kommissionsrath.
Friesack, Julius Lorentz (Firma: J. C. Lorentz), Kaufm.
Gandersheim, G. Schiller, Rentner.
Gardelegen, Otto Zersch (Firma: Carl Zersch), Kaufm.
Geldern, C. F. Weber, Kaufm.
Genthin, Ed. Ulrich, Kaufm.
Gera, Weiler & Nebel, Kaufleute.
Gladbach-M., Herm. Hohf, Kaufm.
Glatz, Ernst Müller, Kaufm.
Glauchau, Hugo Schmidt (Firma: Ernst Weiß Nachf.), Kaufm.
Glogau, C. W. Handke, Kaufm.
Gnesen, Carl Richter, Hauptm. a. D.
Görlitz, Oscar Goltwald, Kaufm., General-Agent verschiedener Versicherungs-Gesellschaften.
Göttingen, A. J. Bruns, Kaufm.
Goldberg, Arthur Günther (Firma: P. F. Günther), Bankier.
Goslar, D. Grimme & Comp., Kaufl.
Gotha, E. F. Thienemann, Hof-Buchh.
Grabow, Carl Ernst Harnisch.
Graudenz, W. Heitmann, Kaufm. und Stadtrath.

Die Jahresgesellschaften

der

Preußischen Renten-Versicherungs-Anstalt.

Ein Zug unserer Zeit ist das Streben nach Alters-Versorgung, insbesondere der minder bemittelten Klassen, im Wege der **Rentenversicherung**. Dieses Streben hat für Deutschland in dem Reichsgesetz betreffend die Invaliditäts- und Alters-Versicherung vom 22. Juni 1889 Ausdruck gefunden. Neben der darin zum Princip erhobenen staatlichen Zwangsversicherung findet aber auch auf dem Gebiete der Altersversorgung die private Versicherung noch reichlich Platz zur Bethätigung.

In doppelter Richtung hat das Gesetz selbst seiner Wirksamkeit Schranken setzen müssen. Einmal erreichen die von ihm gewährten Altersrenten nur das knappe Maß des unumgänglich Nothwendigen, bieten also keine volle Versorgung dar. Andererseits ist der Kreis der an den Wohlthaten der gesetzlichen Altersversicherung Theilnehmenden ein abgegrenzter, er beschränkt sich auf die arbeitenden Klassen. Die Erwerbsunfähigkeit des höheren Alters wird aber weit über diesen Kreis hinaus früher als Sorge, später als Last empfunden, nämlich von allen Denjenigen, die nicht im Besitz eines für die gesteigerten Bedürfnisse des Alters ausreichenden Vermögens sind. In beiden Beziehungen tritt die Privatversicherung ergänzend ein. Sie giebt den arbeitenden Klassen Gelegenheit, ihr Alter über das Maß der gesetzlichen Versicherung hinaus zu versorgen, und sie ermöglicht es auch Dem, auf welchen sich die gesetzliche Fürsorge nicht erstreckt, sein Alter vor Mangel zu schützen. Beides wird, wie vom Gesetz, im Wege der **Altersrentenversicherung** erreicht.

Zu den diesen Versicherungszweig betreibenden Privat-Instituten gehört vor Allen die **Preußische Renten-Versicherungs-Anstalt zu Berlin**, die bedeutendste Rentenanstalt Deutschlands. Ausgerüstet mit einem Kapital von mehr als 75 000 000 ℳ und seit 1838 unter dem besonderen Schutze und der besonderen Aufsicht der Preußischen Staatsregierung bestehend, beruht die Anstalt auf reiner Gegenseitigkeit der Mitglieder und wendet diesen letzteren ihren ganzen Geschäftsgewinn zu. So hat sie von den in den ersten fünfzig Jahren ihres Bestehens von ihren Mitgliedern baar empfangenen 19 531 103,$_{70}$ ℳ an diese nicht nur den Betrag von 19 108 111,$_{10}$ ℳ in Gestalt von Renten u. s. w. zurückgezahlt, sondern für sie außerdem ein Vermögen von mehr als 62 Millionen Mark angesammelt, aus dessen Erträgen sie ihnen zur Zeit 2 728 600 ℳ Jahresrente zahlt.

Der Altersversorgung wird von der Anstalt in dem Geschäftszweige der **Jahresgesellschaften** Rechnung getragen. Sie bezweckt in diesen durch Bildung von Erbvereinen für deren Mitglieder die Erlangung sicherer, steigender und im späten Alter hoher Renten auf Lebenszeit, die nicht gegen Kapitalsabfindung veräußert werden können.

Die Betheiligung an einer Jahresgesellschaft erfolgt durch Zahlung einer oder mehrerer Einlagen; diejenige Person, auf deren Leben die Einlage gemacht wird, wird dadurch Mitglied der Anstalt. Die Mitglieder einer Jahresgesellschaft werden nach ihrem Alter zur Zeit des Beitritts in zehn Klassen eingetheilt.

Die Einlagen bestehen aus vollständigen im Betrage von 100 ℳ oder unvollständigen im Betrage von 40 bis 99 ℳ. Aus den im Laufe eines Kalenderjahres gemachten Einlagen wird, nach Entnahme eines geringen Bruchtheils (5 %) zum Verwaltungskostenfond und Reservefond der Anstalt, das Rentenkapital der Jahresgesellschaft gebildet. Die Mitglieder erhalten zunächst nur eine Zinsrente, nämlich 3½ % von ihrem Antheil am Rentenkapital. Dieser Antheil beträgt Anfangs 95 % der Einlage, steigt aber in dem Maße als Mitglieder abgehen, d. h. Einlagen erlöschen, wie unten näher auseinandergesetzt ist. In Folge dessen steigt auch die Zinsrente, welche für die ursprünglich vollen Einlagen mit 3,30 ℳ (3½ % von 95 ℳ) beginnt. Sie wird zuerst für das auf die Einzahlung folgende Jahr nach dessen Schluß und so alljährlich postnumerando auf die Lebenszeit des Mitgliedes in der Weise gewährt, daß sie auf die vollständigen Einlagen baar gezahlt, auf die unvollständigen Einlagen nach Verhältniß ihrer Größe gutgeschrieben wird. Die Rentengutschrift auf eine unvollständige Einlage erfolgt solange, bis die letztere dadurch auf den Betrag von 100 ℳ angewachsen ist. Hierzu wird bei der kleinsten unvollständigen Einlage von 40 ℳ ein Zeitraum von nicht ganz 27 Jahren erforderlich sein. Sobald die Einlage voll geworden, wird die Rente für die Folgezeit ebenso baar gezahlt, wie bei den von Anfang an vollständigen Einlagen. Die Vervollständigung der unvollständigen Einlagen kann aber auch jederzeit durch Nachtragszahlungen von beliebiger Höhe beschleunigt werden; hat die Summe der Einlage, der Rentengutschriften und der Nachtragszahlungen den Betrag von 100 ℳ erreicht, so tritt die baare Zahlung der Rente ein.

Die Rentenzahlung erfolgt gegen Koupons, welche bei der Hauptkasse der Anstalt, wie bei deren Agenturen dem Ueberbringer eingelöst werden.

Jedes Mitglied und dessen Erben erhält mindestens die geleisteten Baarzahlungen (Einlagen und Nachtragszahlungen) in Form von Rente und Rückgewähr (die letzte, beim Tode des Mitgliedes zu leistende Zahlung) zurück. Selbst wenn die während der Dauer der Mitgliedschaft fällig gewordenen Renten schon ebensoviel oder mehr als die baaren Einzahlungen betragen, wird beim Tode des Mitgliedes doch noch eine Rückgewähr in Höhe der Rente des Sterbejahrs gezahlt.

Hiernach beschränkt sich das Risiko beim Eintritt in eine Jahresgesellschaft darauf, daß bei frühem Tode des Mitgliedes Zinsen der Einlage verloren gehen. Dieser Verlust trifft aber nicht das Mitglied selbst, sondern **seine Erben**, und ihm steht gegenüber, daß ersteres, welches bei längerem Leben in den Renten seine Einlage mit Zinsen zurückerhält, bei Erreichung eines höheren Alters für **seine eigene Person** den Vortheil genießt, erhebliche Renten zu beziehen, die statutenmäßig auf 100 Procent der vollständigen Einlage jährlich steigen können.

Diese Steigerung der Rente erfolgt zuerst langsamer, später schneller und wird in dreifacher Weise herbeigeführt:

1. Zunächst vermehrt sich das Rentenkapital dadurch, daß ihm der Ueberschuß seines jeweiligen Zinsertrages über 3,7 %, welcher zur Zeit ungefähr 0,7 % beträgt, zuwächst. Hierdurch erhöht sich auch der Antheil jeder Einlage am Rentenkapital, d. i. derjenige Betrag, von dem $3\frac{1}{2}$ % als Zinsrente berechnet werden, und damit, trotz des gleichbleibenden Zinsfußes von $3\frac{1}{2}$ % der auf jede Einlage entfallende Zinsbetrag.

2. Sodann wächst der Antheil der Einlage am Rentenkapital, also auch die Zinsrente, durch den Uebergang der Antheile der erloschenen Einlagen, soweit dieselben nicht zur Rückgewähr verwendet werden, auf die überlebenden Mitglieder.

Während der Rentenkapitals-Antheil einer vollständigen Einlage im ersten Jahre 95 ℳ beträgt, wird er nach einigen Jahren 100 ℳ, später 105, 110, 120 ℳ und mehr, und die davon berechnete Zinsrente der $3\frac{1}{2}$ % entsprechend 3,50 ℳ, 3,65 ℳ, 3,75 ℳ bezw.: 4,10 ℳ und mehr betragen. Die unvollständigen Einlagen und deren Renten nehmen an dieser Steigerung entsprechend Theil.

3. Sobald endlich das jüngste Mitglied einer Altersklasse der Jahresgesellschaft das 50. Lebensjahr erreicht hat, tritt diese Altersklasse in die Kapital-Aufzehrungsperiode ein: es wird von da ab eine weitere Steigerung der Rente dieser Altersklasse dadurch erreicht, daß der Antheil jeder Einlage am Rentenkapital, der 100 ℳ übersteigt, in eine Leibrente aufgelöst, d. h. als Prämie zur Versicherung einer dem Alter der Mitglieder der Klasse nach dem Leibrententarif der Anstalt entsprechenden Leibrente verwendet wird, welche zu den $3\frac{1}{2}$ % Zinsrente der verbleibenden 100 ℳ Rentenkapital hinzutritt und mindestens $6\frac{2}{3}$ % der zu verwendenden Prämien beträgt. In gleicher Weise werden die Rentenkapitals-Antheile der später wegfallenden Einlagen zu Gunsten der verbleibenden verwendet. Dies geschieht solange, bis die auf eine Einlage entfallende Zins- und Leibrente den Betrag von 100 ℳ erreicht.

Die Anstaltskapitalien werden nach Vorschrift der Statuten in mündelmäßig sicherer Weise angelegt, verzinsen sich daher nicht hoch, zur Zeit nur auf etwa $4\frac{1}{3}$ Procent. Hieraus folgt, daß Renten, welche diesen Zinssatz übersteigen, nicht allein aus dem Zinserträgniß der Einlagen entnommen werden können. Solche Renten werden vielmehr unter Zuhilfenahme derjenigen Zinsen bestritten, welche nach dem oben Erwähnten die jung versterbenden Mitglieder in der Anstalt belassen. Das Steigen der Rente hängt also außer von dem Zinsertrage des Rentenkapitals auch von der Sterblichkeit unter den Mitgliedern ab und läßt sich daher nicht mit Sicherheit vorausbestimmen. Jedenfalls ist das Er gebniß des zu 3. erwähnten Verfahrens der Kapitalaufzehrung, wie schon dessen Name besagt: daß der Gesammtbetrag der Einlagen, Nachtragszahlungen und Zinsen, welchen die Mitglieder einer Altersklasse aufgebracht haben, lediglich zu ihren eigenen Gunsten verwendet, nämlich in Rente für sie aufgelöst und somit von ihnen aufgezehrt wird. Ein Aufsammeln von Rentenkapital, das nach dem Aussterben der Altersklasse auf Andere vererbt oder sonst zu anderen Zwecken verwendet würde, findet nicht statt. Was den jung versterbenden Mitgliedern an Zinsen verloren geht, erhalten die alt werdenden Mitglieder derselben Altersklasse zu der nicht anders zu ermöglichenden Steigerung ihrer Renten.

Die wirthschaftlichen Vortheile, welche der Beitritt zu einer Jahresgesellschaft in den verschiedenen menschlichen Beziehungen bietet, sind in folgendem Auszuge aus einem Artikel des „Leipziger Tageblattes“ (Nr. 341 vom 11. November 1880) dargelegt. Derselbe bezieht sich zwar auf eine andere Rentenversicherungsanstalt, findet aber bei der großen Aehnlichkeit des behandelten Instituts mit der Preußischen Rentenversicherungsanstalt ohne Weiteres auf den Beitritt zur letzteren Anwendung. Es heißt dort:

> Da sich der Hauptzweck der Anstalt vor Allem darauf richtet, das oft von Gebrechlichkeit und Erwerbsunfähigkeit begleitete hohe Alter vor Geldmangel und Entbehrung zu schützen, so ist die Einrichtung getroffen, daß die Renten, anfangs zwar gering, aber allmählich derart steigen, daß sie zuletzt . . . . einen nach Verhältniß der Einlage reichen Genuß bieten . . . .
>
> Der Beitritt ist namentlich in der Jugend und in den ersten Lebensjahren zu empfehlen. Ein jeder Familienvater, der bemittelte wie unbemittelte, dem das Wohl seiner Kinder, die Sicherstellung für ihre Zukunft am Herzen liegt, möchte rechtzeitig seine Zuflucht zu dieser Anstalt nehmen, welche ihm und den Seinen entschieden mehr dienlich und nützlich sein kann, wie jedwede andere Versicherungsgesellschaft. Welch' eine große Beruhigung gewährt es für Eltern, mögen sie ihren Kindern auch selbst eine reiche Erbschaft mannigfacher Art hinterlassen, wenn zu dieser Erbschaft auch versicherte Renten gehören; welche Beruhigung gewährt es dem Vater, seine Töchter für jeden Fall und für alle Zeit vor Sorgen bewahrt zu sehen, wenn er selbst ihnen nicht mehr mit Rath und That zur Seite stehen, sie nicht mehr materiell unterstützen kann.
>
> Greifen wir nur einen Fall aus dem Leben heraus: Ein Vater sieht seine Tochter nicht in jeder Beziehung glücklich verheirathet. Der Schwiegersohn als Haushalter macht ihm Sorgen. Zwar vermag er jetzt bei seinen Lebzeiten ihn noch zu beeinflussen. Wie aber wird es werden, wenn nach seinem Tode die Tochter die Erbschaft angetreten und der Schwiegersohn die Verwaltung derselben übernommen haben wird? Wenn das Kapital angegriffen wird, die Tochter nicht unnachgiebig sein kann, ihre Mitleidenschaft nicht versagen zu dürfen glaubt und der Verfall des Vermögens von Stufe zu Stufe fortschreitet?
>
> Dann kann hierdurch wenigstens die versicherte Rente nicht mit berührt werden. Der Eintritt und die Mitgliedschaft bei der Rentenanstalt ist unwiderruflich: der Rentengenuß ist bis zum Tode des Versicherten unbedingt gesichert. Dieses Kapital, das Rentekapital, ist unantastbar.
>
> Auch für Söhne, namentlich unter gewissen ähnlichen Verhältnissen, z. B. bei ungenügender Befähigung, verfehlter Berufswahl, bei Neigung zur Leichtfertigkeit und Verschwendung 2c. oder auch nur in fürsorglicher

Bedachtnahme solcher oder ähnlicher Unglücksfälle im Familienleben, empfiehlt sich die Rentenversicherung als ein besonders geeignetes Auskunftsmittel.

Denn es muß immer im Auge behalten werden: die Rentenversicherung bietet nicht nur einen auf die ganze Lebensdauer des Mitgliedes sich erstreckenden und mit dem vorschreitenden Alter auch an Umfang zunehmenden Schutz vor Geldmangel, sondern auch da, wo es nöthig ist, eine höchst wohlthatige und doch niemals drückende oder sonstwie belästigende Bevormundung des Mitgliedes bis an sein Lebensende.

Es ist Brauch, daß Taufpathen zum einjährigen Geburstag des Kindes, oder auch schon zu dessen Taufe ein Geschenk machen. Ein Interimsschein . . . oder auch einige solcher Scheine eignen sich hierzu ganz besonders. Weder ein Sachengeschenk, noch baares Geld, welches man wohl einzubinden pflegt, kann die Einlagen bei der Rentenanstalt ersetzen, ebensowenig ein Sparkassenbuch mit einer Geldeinlage. Denn die Eltern des Kindes können in den Fall kommen, das Geld verbrauchen und auch den Sparkassenbetrag einheben zu müssen, wogegen die Renteneinlage unantastbar ist.

Es liegt sehr nahe, daß solche Renteneinkäufe anläßlich wohlbestandener Schulprüfungen, geleisteter treuer Dienste, bei Confirmationen, Geburtsfesten, Verheirathungen 2c. sich vortrefflich zur Bethätigung der Anerkennung der Liebe und Wohlthätigkeit eignen.

Auch für Erwachsene, für Männer und Frauen, gleichviel in welcher Lebensstellung, in welchen Vermögensverhältnissen sie sich befinden, empfiehlt es sich, der Anstalt als Mitglied beizutreten. Denn der Vermögende, welcher in weiser Vorsicht sein Besitzthum möglichst verschiedenartig anlegt, wird in der Rentenanlage erste Sicherheit finden. Der Unvermögende aber, dessen Lebensunterhalt von seiner Arbeitsleistung abhängt, wird sich durch den Beitritt zur Anstalt ein jährliches Renten-Einkommen sichern, welches in gleichem Verhältnisse steigt, als seine Arbeitskraft und Erwerbsfähigkeit mit den Jahren abnimmt, und wird in diesem Steigen der Rente einen Ersatz für den Ausfall seiner Leistungsfähigkeit finden.

Es möge daher die Anstalt zur Benutzung allen Denen angelegentlichst empfohlen sein, welche in Fürsorge bedacht sind auf ihr eigenes Wohl, wie auf das Wohl ihrer Ehegatten, Kinder, Enkel und sonstigen Angehörigen, ihrer Pfleglinge, Schützlinge, Mündel, Pathen und treuen Diener, und welche einer Gelegenheit bedürfen, diese Fürsorge in einer bewährten und erfolgssichern Weise bethätigen zu können

Insbesondere ist die Benutzung der Anstalt auch den Behörden, Wohlthätigkeitsvereinen aller Art, Dienstherrschaften, Fabrikbesitzern 2c., sofern sie auf bleibende Verbesserung der Lebensverhältnisse der ihrer Fürsorge anvertrauten Personen Bedacht zu nehmen sich gedrungen fühlen, recht sehr an's Herz zu legen.

Mitglied einer Jahresgesellschaft kann Jedermann werden, der bei Beginn des Beitrittsjahres das 55. Lebensjahr noch nicht vollendet hat. (Aeltere Personen können im Wege der Einzelversicherung bei der Anstalt in gleicher Weise für das Alter sorgen.) Ueber die Einreihung der Mitglieder in die zehn Altersklassen und die Zahl und Höhe der zulässigen Einlagen giebt die folgende Tafel Aufschluß:

Alle Personen, die im Beitrittsjahre vollenden:	gehören zur Klasse:	und können Einlagen machen vollständige	unvollständige bis
das 0. bis 5. Jahr,	I	höchstens 50 Stück à 100 *M.*	10 nicht unter 40 *M.*
= 6. = 10. =	II		10 = = 45 =
= 11. = 15. =	III		10 = = 50 =
= 16. = 20. =	IV		10 = = 55 =
= 21. = 25. =	V		10 = = 60 =
= 26. = 30. =	VI		10 = = 65 =
= 31. = 35. =	VII		10 = = 70 =
= 36. = 40. =	VIII		10 = = 80 =
= 41. = 45. =	IX		10 = = 90 =
= 46. = 55. =	X		keine.

Der Beitritt erfolgt durch Einreichung einer auszufüllenden und zu unterschreibenden Deklaration, sowie eines Altersnachweises für die als Mitglied aufzunehmende Person (Geburtsurkunde, Tauf- oder Konfirmationsschein) und Zahlung der Einlage.

Die Einlagen können während des ganzen Jahres bei der Hauptkasse der Anstalt (Berlin, Kaiserhofstraße 2, zwischen 10 und 2 Uhr) oder bei sämmtlichen Agenten gemacht werden, bei denen auch die erforderlichen Deklarationsformulare zu haben sind. Bei Einlagen, die in der Zeit zwischen dem 2. September und 2. November gemacht werden, ist 1 % Aufgeld, bei solchen nach dem 2. November 3 % Aufgeld zu zahlen. Ferner ist für jede Einlage 1 *M.* Eintrittsgeld und bei mehr als einer vollständigen Einlage der zur Ausfertigung der Renten-Verschreibung erforderliche Urkundenstempel, dessen Höhe sich aus der Deklaration ergiebt, zu entrichten.

Die Anstalt erhielt von 1839—1888 von den Mitgliedern (Einlagen, Nachzahlungen, Prämien)	49 534 103.70	*M.*
zahlte denselben dagegen (Rente, Rückgewähr und sonstige Versicherungssummen)	49 408 411.40	=
Ende 1888 betrugen die laufenden Renten jährlich	2 728 600.80	=
die Hauptdeckungsfonds	62 258 116.41	=
der Bestand der Sparkasse der Anstalt	8 618 505.79	=
die verschiedenen Reserve- und Sicherheitsfonds .	2 434 868.35	=

Berlin W. 41, Kaiserhofstr. 2, den 2. Januar 1890.

Direktion der Preuß. Renten-Versicherungs-Anstalt.

Gedruckt bei Julius Sittenfeld in Berlin.

Greifenberg i. P., Gustav Zilber, Rathsherr.
Greiffenberg i. S., Gustav Hubrich, Kaufm.
Greifswald, Herm. Troglen, Kaufm.
Greiz, F. Schulz, Stadtsecretär.
Grenzen, C. Huschke, (Firma: F. A. Huschke) Kaufm.
Gronau, Carl Plathner, Rentner.
Grünberg, Vincus S. Abraham, Bankier.
Guben, Reinhold Zimmermann, Kaufm. u. Lotterie-Einnehmer.
Güstrow, Ludwig Hamann, Kaufm.
Guhrau, A. Bielek, Stiftsrendant in Tschirnau.
Gumbinnen, Carl Berg, Kaufm.
Hainau, Herm. Gruhn, Kaufm.
Halberstadt, Mooshake & Lindemann, Bankiers.
Halle a. S., Jordan, Stadtrat a. D.
Halle a. S., C. F. Bantsch, Kaufm.
Hamburg, Joh. F. C. Meyer, Kaufm.
Hamburg, Moritz Philipp, Assekuradeur.
Hameln, Wilh. Katz, Kaufm.
Hamm, Fr. Huiemeyer, Kaufm.
Hannover, F. Ciann, Civil-Ingenieur.
Hannover, J. Th. Werner.
Harburg, Eduard Eddelbuttel sen., Kaufm.
Haselünne M. Linne, Uhrmacher.
Havelberg, H. Luchan (Firma: C. F. Teter), Kaufm.
Helmstedt, Otto Dorguth, Kaufm.
Herford, F. W. Pankoke, Kaufm.
Herrstein, Phil. Reichardt, Gerber.
Hersfeld, Dr. H. Müller, Apotheker.
Herzberg a. Harz, H. F. Wilhelm, Bankier.
Herzberg a. Elster, H. Riede, Obertelegraphen-Assistent a. D.
Hettstedt, Otto Spiegler, Kaufm.
Hilden, Fritz Bressard, Kaufm.
Hildesheim, Krieger & Metzoldt, Kaufleute.
Hirschberg, Emil Cassel, (Firma: Gebr. Cassel) Kaufm.
Höxter, Herm. Dormann, Rendant.
Hohenfriedeberg, M. Salut, Kaufm.
Hohenstein i. S., E. F. Zenner, Kaufm.
Holzminden, J. Ballin & Co., Bankier.
Horstmar, B. Robert, Kaufm.
Hückeswagen, F. Welke, Redakteur.
Husum, F. Soenningsen, Kaufm.
Jauer, Franz Gaertner, Kaufm.
Jena, v. Kleditzsch, Ingenieur.
Jever, J. G. Harenberg, Kaufm.
Ilfeld, H. Tronnier, Oekonom.
Inowrazlaw, Emil Witoski, Kaufm.
Insterburg, F. W. Stadie, Kaufm.
Iserlohn, G. Saffenhoff, Standesbeamter.
Itzehoe, R. Rusien, Lehrer.
Jülich, J. B. Eyer, Kreisthierarzt und beigeordneter Burgermeister.
Jüterbogk, F. L. Frobenius.
Kettwig, Wilh. Roßkothen, Gerichts-Taxator.
Kiel, H. Wichmann, Stadtrath.
Kirchhain, Ernst Schuster, Kaufm.
Königsberg i. Pr., A. Andersch & Krüger.
Königsberg i. d. N., H. Richter, Kaufm.
Kreuzburg i. Schl., Anton Herrmann, Kaufm.
Kreuznach, J. M. Fischer, Kaufm.
Krotoschin, B. Behrend, Buchhändler.
Landeshut i. Schl., J. E. Blaeser, Lehrer.
Landsberg a. d. W., Franz König, Kaufm.
Langensalza, Chr. Wilh. Schröter, Kaufm.
Lauban, J. A. Heinrich, Kaufm.
Lauenburg a. E., A. Weyergang, Kaufm.
Lauterberg a. H., H. C. Klemecke, Kaufm.
Leer, Joh. G. Wiemann, Kaufm.
Legden, Franz Brüning, Gastwirth.
Lehe, W. Lorenz, Mandatar.
Leipzig, Paul Julius Meißner, (Firma: Julius Meißner) Kaufm.
Lengerich, J. F. B. Herlitz, Kaufm.
Lennep, W. Ackermann, Agent.
Lesum, C. Seegelken, Mandatar.
Letschin, Albert Schünning, Kaufm.
Liegnitz, Erdmann Karpelt, Kaufm.
Limburg a. d. Lahn, Wilh. Hammerschlag, Kaufm.
Lindow, Herm. Lazemann, (Firma: J. Lazemann) Kaufm.
Lingen, Aug. Loning, Kaufm.
Linnich, Aug. Berns, Burgermeister a. D.
Linz a. Rh., Lambert à Brassard, Kaufm.
Lippstadt, Jul. Sickermann, Kaufm.
Lissa i. P., Theodor Liebelt, Kaufm.
Löwenberg, O. Gliemann, General-Agent u. Burgermeister a. D.
Luckau, Otto Weber, Maurermeister.
Lübben, Albert Lehmann, Agent.
Lübeck, Adolf Berens, Musikalienhändler.
Lüben, Herrm. Schäfer, Kaufm.
Lüdinghausen, J. Muhlenhoff.
Lüneburg, Louis Kluzmann, Agent.
Lützen, Aug. Senfenhauser, Kaufm.
Lyck, Rudolf Walendy, Getreidehdlr.
Magdeburg, C. W. Lincke, (Firma: Agricola & Lincke) Kaufm.
Malchin, E. Thiel, Lehrer.
Marburg, Ferd. Bang, Bankier.
Marienburg, Otto Beckert, Bankier.
Marienwerder, M. Purpel, Kaufm.
Melverode, H. Brandes, Kassirer.
Meiningen, Traugott Laun, Hoflieferant.
Meißen, Richard Lenz, Kaufm.
Meldorf, H. Bormann, Bankagent.
Melle, L. H. W. Knoch, Kaufm.
Memel, J. G. Schulz, Kaufm.
Meppen, J. Steidel, Kammersekretär.
Merseburg, H. Pfautsch, Kaufm.
Mettmann, Jul. Blasberg, Notariats-Sekretär.
Minden, A. H. Reuter, Kaufm.
Mittweida, A. L. Hobusch, Kaufm.
Moers, Gerh. Peschmann, Restaurateur.
Moringen, Gustav Voigt, Privatier.
Mühlberg a. E., Oskar Lichtenberg, Apotheker.
Mühlendorf bei Hohenlimburg, F. Polscher, Rentner.
Mühlhausen (Thüringen), A. Tanner, (Firma: G. Tanner) Buchhändler.
Mühlheim a. d. R., C. Schluckebier, Agentur- und Kommissions-Geschäft.
Münden, W. Kaufmann.
Münster i. Westf., Gerbaulet & Tetters, General-Agenten verschiedener Versicherungs-Gesellschaften.
Münsterberg, E. Ulbrich, Partikulier.
Münstermaifeld, Joseph Buchel, Kaufm.
Muskau, H. W. Flach, Amtsvorsteher.
Naumburg a. d. S., Otto u. Carl Vogel (Firma: A. Vogel), Bankiers.
Neiße, J. Bayer, Kaufm.
Neu-Brandenburg, J. F. Boldt, Polizei-Sekretär.
Neuhaldensleben, C. Prill, Kaufm.
Neu-Ruppin, Gustav Huth, Kaufm.
Neusalz, Moritz Adam, Kaufm.
Neustadt a. d. D., H. Albers, Kaufm.
Neustettin, F. A. Eckstein, Buchhändler u. Kgl. Lotterie-Einnehmer.
Neu-Strelitz, Ernst Schroeder, Kaufm.
Neuß, Gebr. Konemann, Kaufleute.
Neuwied, A. Lichtenstein, Kaufm. u. Lotterie-Einnehmer.
Niesky, Paul Schmidt, Kaufm.
Nienkerk, Otto Stevens, Kaufm.
Nimptsch, Ferdinand Kaltner, Kaufm.
Nordhausen, Otto Meisterspirl, Kaufm.
Northeim, H. L. Matthias, Kaufm.
Oderberg, F. W. Schmidt, Lehrer.
Oelde, F. Pott II., Kaufm.

Oels, Reinhold Guhr, Kaufm.
Oldenburg i. Großherz., A. Westermann, Kaufm.
Olsen, Theodor Lackmann, Gerichts-Taxator.
Opalenitza, Ed. Gonszczak, Kämmerer.
Oppeln, Georg Maske, (Firma: Eugen Francke's Buchhandlung) Buchhändler.
Oranienburg, Eugen Schaad, Kaufm.
Orlow, Wilh. Blambeck, Kaufm.
Oschatz, Gustav Kunze, (Firma: C. G. Lochmann's Wittwe Sohn) Kaufm.
Oschersleben, Fr. Heine, Bankier.
Osnabrück, Wilh. Herm. Meyer (Firma: Jacob Fr. Meyer & Sohn), Kaufm.
Osterode, Fr. Habenicht, Kaufm.
Paderborn, J. Hahn, (Firma: J. Wittenberg) Kaufm.
Pasewalk, E. Bühring, Stadt-Hauptkassen-Rendant.
Penig, Bruno Straubelt, Kaufm.
Perleberg, H. Schulla, Goldarbeiter.
Pirna, W. Büttner, Kaufm.
Plauen, Richard Landrock, Kaufm.
Pockneck, Richar Herrmann, Kaufm.
Posen, Adolf Fenner, General-Agent.
Potsdam, R. Cabos, Buchhändler.
Prenzlau, Ernst Schwill (Firma: F. W. Korb), Kaufm.
Pritzwalk, E. Köppen, Kaufm.
Quedlinburg, Adolph Herzer (Firma: F. A. Herzer), Kaufm.
Querfurt, Carl Brechtel, Kaufm.
Ranis, C. Scheuermann, Kaufm.
Rathenow, M. Hobrecht, Rentner.
Ratibor, L. Höniger, Baumeister.
Ratingen, Eduard Schlösser, Architekt.
Rawicz, Herm. Putzke, Kaufm.
Reichenbach i. Schl., Gotthard Tyhr, Kaufm.
Remscheid, Müller & Schmidt, Kaufleute.
Rendsburg, C. Fromm, Kaufm.
Rheine, Jos. Weiselinck, Kaufm.
Rheydt, D. Büschgens jun., Kaufm.
Ribnitz, Eckhard Nizze, Rentner.
Riesa, Emil Gaschütz, Kaufm.
Rinteln, Eduard Matthei, Kaufm.
Rodach, Hermann Hofmann, Kaufm.
Rogasen, J. Geballe, Kaufm.
Rostock i. Mcklbg., J. H. Weber, Konsul.
Rudolstadt, E. Himmelreich, Kaufm.
Ruhrort, Gerhard Rieth, Kaufm.
Saarbrücken, Ch. Möllinger jun., Kaufm.
Sagan, F. Wiesenthal, Bankier.
Salzwedel, Wilhelm Gumprecht, Kaufm.
Sangerhausen, Th. Schander, Kaufm.
Schleitz, Herm. Ruhsam, Kaufm.
Schleusingen, W. Grothe, Kassirer.
Schmalkalden, Ernst Bauer, Rentner.
Schmiedeberg, Otto Steinthal, Rentner.
Schoenebeck, G. Hoyer jun., Kaufm.
Schweidnitz, F. A. Schmidt, Kaufm.
Schwerin, Adolf Schwencke (Firma: A. Schwencke & Söhne).
Seehausen i. A., A. Stilcke, Kaufm. u. Rathmann.
Siegen, C. Schmidt, Buchhalter.
Soest, J. Winkelmann, Rendant.
Soldin, Alb. Seeger, Kaufm.
Solingen, Peter Wits in Ohligs.
Sondershausen, F. Lattermann, Kommissionsrath.
Sorau, Rade (Firma: Rade & Comp.).
Spandau, C. Sturm, Holzhändler.
Sprottau, Th. G. Rümpler, Kaufm.
Stade, E. Sander, Kaufm.
Stargard, Fr. Freyer, Stadtrath und Königl. Lotterie-Einnehmer.
Staßfurt, Udo Keller, Kaufm. u. Stadtrath.
Stavenhagen, Heinr. Richter, Kaufm.
Stendal, G. Hemptenmacher, Kaufm.
Stettin, Johannes Carl Hildebrand, Kaufm. u. Königl. Lotterie-Einnehmer.
Stolp i. P., G. Rbt. Meyer jr., Kaufm.
Stralsund, G. Möllhusen, Kaufm. u. Maurermstr.
Suhl, Aug. Hartung, Fabrikant.
Swinemünde, G. Friederici, Apotheker.
Tangermünde, F. Aly jun., Kaufm.
Telgte, Franz Hövener, Kaufm.
Thorn, Benno Richter, Kaufm. u. Stadtrath.
Tilsit, Wilh. Riemann (Firma: Joh. Fr. Voy's Nachfolger).
Tönning, E. Muth jr., Kaufm.
Torgau, E. Thinius, Kaufm.
Trarbach, J. G. Dahl, Kaufm.
Treptow a. d. T., Emil Reding, Stadt- u. Polizei-Sekretär.
Treuenbrietzen, Albert Müller, Kaufm.
Trier, Eduard Schmitz, (Firma: Gebr. Schmitz) Kaufm.
Uelzen, Fritz Keitel, Kaufm.
Uerdingen, H. Roß sen., Lehrer.
Unna, Emil Kautsch, Kaufm.
Uslar, A. Overlach, Kaufm.
Verden, Lehmann, Bankier.
Waldenburg i. Schl., Adolf Madauß, Kaufm.
Waren, H. Reese, Lehrer.
Warendorf, Caspar Hunckemöller, Kaufm.
Warin, J. C. F. Eichler, Senator.
Warmbrunn, G. H. Voigt, Kaufm.
Weener, H. D. Heikes, Rendant.
Weißenfels, Stadtrath Zickmantel (Firma: E. L. Zickmantel), Kaufm.
Weimar, A. Saal, Bankier, Haupt-Agent für das Großherzogthum Sachsen-Weimar.
Werdohl, Carl Schmidt, Kaufm.
Werl, F. J. Prefer, Auktions-Kommissar.
Werne, A. Riewind, Rendant.
Wernigerode, W. Schultze (Firma: C. F. Krumbhaar), Kaufm.
Wesel, Ludwig v. d. Trappen & Söhne, Kaufleute.
Wettin, Böttcher, Stadtkassen-Rendant.
Wetzlar a. d. Lahn, Friedrich Montanus, Kaufm.
Wevlinghofen, Jac. Hubert Wingerath, Wirth und Oekonom.
Wiehe, Adolf Gerlach, Kaufm.
Wiesbaden, Feller & Gecks, Buch-, Kunst- und Musikalienhändler.
Wismar, Ferd. Schröder, Kaufm.
Witten a. d. Ruhr, C. Manelshagen, Kaufm.
Wittenberg, C. H. Merker (Firma: M. H. Merker), Kaufm.
Wittstock, Otto Schultz (Firma: W. F. Schultz Nachfl.), Kaufm.
Witzenhausen, A. Kunhe, Kaufm.
Wohlau, C. Eckert, Stadtkämmerer in Stroppen.
Wolgast, Wilh. Gentzke (Firma: G. H. Gentzke), Kaufm.
Wriezen, J. Francke, Kaufm.
Zeitz, C. A. Rothe (Firma: G. C. Rothe & Sohn).
Zerbst, G. H. Schmidt, Kaufm.
Ziegenrück, G. Rottwitt, Apotheker.
Zittau, G. F. Hirt, Kaufm.
Zossen, C. Knoefeldt, Kaufm.
Züllichau, Gustav Martin (Firma: Gebr. Martin).
Zwickau, Holm von Bose, Kaufm.

Gedruckt bei Julius Sittenfeld in Berlin.